TEORIA DO MÉTODO TEOLÓGICO

Versão didática

Dados Internacionais de Catalogação na Publicação (CIP)
(Câmara Brasileira do Livro, SP, Brasil)

Boff, Clodovis
　　Teoria do método teológico : (Versão didática) / Clodovis Boff.
6. ed. – Petrópolis, RJ : Vozes, 2014.
　　Bibliografia.

　　6ª reimpressão, 2023.

　　ISBN 978-85-326-1962-4
　　1. Teologia – Estudo e ensino 2. Teologia – Metodologia
3. Teologia – Teoria I. Título. II. Série.

　　　　　　　　　　　　　　　　　　　　　　　　CDD-230
97-5742　　　　　　　　　　　　　　　　　　　　　　-230.7

Índices para catálogo sistemático:
　1. Teologia dogmática cristã　230
　2. Teologia dogmática cristã : Estudo e ensino　230.7
　3. Teologia dogmática cristã : Métodos　230.7

Clodovis Boff, OSM

TEORIA DO MÉTODO TEOLÓGICO

Versão didática

EDITORA
VOZES

Petrópolis

© 1998, 2014, Editora Vozes Ltda.
Rua Frei Luís, 100
25689-900 Petrópolis, RJ
www.vozes.com.br
Brasil

Todos os direitos reservados. Nenhuma parte desta obra poderá ser reproduzida ou transmitida por qualquer forma e/ou quaisquer meios (eletrônico ou mecânico, incluindo fotocópia e gravação) ou arquivada em qualquer sistema ou banco de dados sem permissão escrita da editora.

CONSELHO EDITORIAL

Diretor
Volney J. Berkenbrock

Editores
Aline dos Santos Carneiro
Edrian Josué Pasini
Marilac Loraine Oleniki
Welder Lancieri Marchini

Conselheiros
Elói Dionísio Piva
Francisco Morás
Gilberto Gonçalves Garcia
Ludovico Garmus
Teobaldo Heidemann

Secretário executivo
Leonardo A.R.T. dos Santos

Diagramação: Sheilandre Desenv. Gráfico
Capa: WM design

NIHIL OBSTAT

Em relação ao livro de autoria de Frei Clodovis Boff, membro da Província Brasileira dos Servos de Maria, intitulado *Teoria do método teológico (Versão didática)*, concedo, segundo o que dispõe o Cânon 932 do Código do Direito Canônico e o artigo 221/f das Constituições da Ordem dos Servos de Maria, nestes termos, o NIHIL OBSTAT.
Rio de Janeiro, 21 de dezembro de 1997

Fr. José M. Milanez, osm
Prior provincial.

Imprimatur
São Paulo, 19 de fevereiro de 1998.

Paulo Evaristo, CARDEAL ARNS
Arcebispo Metropolitano de São Paulo.

ISBN 978-85-326-1962-4

Este livro foi composto e impresso pela Editora Vozes Ltda.

SUMÁRIO

Introdução, 7

I PARTE – QUESTÕES NUCLEARES
Capítulo 1: Apresentação da matéria, 11

Seção I – FUNDAMENTOS, 15

Capítulo 2: Como nasce concretamente a teologia, 17

Capítulo 3: O que estuda a teologia e em que perspectiva, 21

Capítulo 4: A racionalidade própria da teologia, 24

Capítulo 5: A fé-palavra: fonte primeira e decisiva da teologia, 28

Capítulo 6: A fé-experiência: outra fonte da teologia, 32

Capítulo 7: A fé-prática: mais outra fonte da teologia, 35

Seção II – PROCESSOS, 39

Capítulo 8/1: Momento I da prática teológica – positivo (I):
A Sagrada Escritura, 41

Capítulo 8/2: Momento I da prática teológica – positivo (II):
A tradição e o dogma, 45

Capítulo 9: Momento II da prática teológica – construtivo, 50

Capítulo 10: Momento III da prática teológica: confronto com a
vida, 54

Capítulo 11/1: A linguagem teológica (I): Analogia como
linguagem do Mistério, 57

Capítulo 11/2: A linguagem teológica (II): Espécies e vias da analogia, 61

Seção III – ARTICULAÇÕES, 65

Capítulo 12: A relação da teologia com a filosofia e as demais ciências, 67

Capítulo 13: Teologia: para quê?, 72

Capítulo 14/1: Teologia, Igreja e Magistério (I): Os vários magistérios na Igreja, 79

Capítulo 14/2: Teologia, Igreja e Magistério (II): Relação teologia--magistério pastoral, 84

Capítulo 15: Pluralismo teológico, 88

II PARTE – QUESTÕES COMPLEMENTARES

Capítulo 16: Disposições básicas para o estudo da teologia, 95

Capítulo 17: História do termo "teologia" e suas lições, 119

Capítulo 18: O que há de teologia na Bíblia, 124

Capítulo 19: Os três caminhos para Deus, com destaque para a teologia natural, 126

Capítulo 20: As formas do discurso teológico, 131

Capítulo 21: As divisões da teologia e sua articulação, 135

Capítulo 22: Modelos históricos de prática teológica, 138

Capítulo 23: Cronologia da produção teológica: nomes e obras mais importantes, 154

Capítulo 24: Como estudar teologia, 189

Capítulo 25: Heurística teológica: instrumentos de trabalho, 207

Bibliografia essencial e acessível, 217

Índice geral, 223

INTRODUÇÃO

Este é um livro que apresenta, de forma abreviada, o *órganon* da teologia, ou seja, seu aparelho metodológico, a máquina de sua produção. A metodologia é, como se sabe, uma das questões mais difíceis, mas também é uma das mais importantes e fecundas. É como o estudo da gramática e da literatura para uma língua.

A presente obra constitui um "guia de estudo" para estudantes de teologia. Reporta-se a um volume quatro vezes mais corposo, que tem o mesmo título e que é como o "livro do mestre". Dessa versão maior, o presente livro retoma, tais quais, os "resumos" e as "leituras". São as duas partes de cada capítulo.

A primeira dá o essencial de cada questão sob a forma de uma série de teses. Estas proposições são de per si bastante simples e claras, quase autoexplicativas. Se um aluno quiser esclarecer ou aprofundar algum tema em particular, deverá naturalmente recorrer à versão maior.

Quanto à segunda parte do capítulo – "leitura(s)" –, com poucas e evidentes exceções, compreende um ou mais textos de uma "autoridade" em teologia, especialmente dos grandes "clássicos". Essas leituras indicam sobretudo o espírito com que se há de fazer teologia e se prestam bastante bem à reflexão pessoal e ao debate em grupo. Mostram, além disso, a grandiosa aventura do espírito que representa a teologia ao longo dos séculos.

Como se pode constatar confrontando as duas versões, alguns capítulos da II Parte do presente livro – "Questões complementares" – foram colocados na íntegra ou quase, porque dizem mais diretamente respeito ao aluno mesmo (Cap. 16, 22, 23, 24 e 25).

A obra – em ambas as versões – está estruturada em duas grandes partes. A Parte I se refere às "Questões Nucleares" do método e tem um forte teor reflexivo. Em suas 3 seções trata dos "Fundamentos" (ou princípios) da teologia, dos seus "Processos" (ou operações) e suas "Articulações" (ou relações) com algumas instâncias ligadas à sua prática. Já a Parte II trata de "Questões complementares" diversas e tem um caráter mais informativo que teórico.

Esse trabalho se quer *orgânico* em vários sentidos:

– primeiro, porque tenta repensar a metodologia teológica por inteiro, em toda a sua extensão, e de modo articulado;

– depois, porque busca integrar, na medida do possível, os resultados das pesquisas atuais na área da epistemologia teológica;

– enfim (e sobretudo), porque entende incorporar, de modo estrutural e não apenas reivindicativo, a constitutiva dimensão "libertadora" da fé.

I PARTE

QUESTÕES NUCLEARES

CAPÍTULO 1

Apresentação da matéria

RESUMINDO

1. A metodologia teológica não se ocupa diretamente com o conteúdo da teologia (teorias), mas com a sua forma, seu processo, sua prática. Ela não ensina teologias feitas; ensina sim a fazer teologia.

2. A metodologia teológica põe em jogo:

– os elementos articuladores da teologia (dicionário);

– e as regras de como esses elementos se articulam (gramática).

3. Vários são os elementos articuladores da teologia, dentre os quais podemos destacar: a Fé, a Escritura, a Prática, o Magistério, a Linguagem e a Razão.

4. Quanto às regras de articulação da teologia, essas deverão estabelecer como os elementos articuladores se combinam dentro do processo teológico e segundo que etapas. Fundamentalmente, trata-se das seguintes etapas:

– escuta dos testemunhos da fé;

– aprofundamento racional desses testemunhos;

– e atualização em nosso contexto histórico.

5. Para se aprender teologia, como para toda "arte", há três caminhos:

– assimilar as regras da prática teológica;

– seguir o que fazem os teólogos;

– exercitar por própria conta a prática teológica.

Ora, nesse livro nos limitaremos ao primeiro caminho.

6. A metodologia teológica compreende os quatro níveis seguintes:

1) das *técnicas*, referentes aos recursos da teologia e ao modo de seu uso;

2) do *método* propriamente dito, relativo às etapas do procedimento teológico;

3) da *epistemologia*, ou seja, a reflexão crítica das bases do método teológico;

4) enfim, do *espírito teológico*, que é o que anima em profundidade o interesse por conhecer os mistérios divinos.

7. A pretensão desse nosso trabalho é estudar o método teológico em toda a sua amplitude, sem redução alguma, como requer o conteúdo transcendente da fé. Contudo, de vez que o mesmo conteúdo da fé requer, em sua concretude, a "preferência pelos pobres", resulta que o método deverá necessariamente vir marcado por essa inflexão particular. Ora, como essa consciência é recente, exige-se todo um trabalho de renovação do fazer teológico.

LEITURA

RICARDO DE SÃO VÍTOR:
Passar da fé à inteligência da fé[1]

<< Que ardor não devemos ter por esta fé na qual todo bem tem seu fundamento e encontra sua firmeza! Mas se a fé é a origem de todo o bem, o conhecimento é sua consumação e perfeição. Lancemo-nos, pois, em direção à perfeição e, por toda a série de progressos possíveis, avancemos apressadamente da fé para o conhecimento. Façamos todos os esforços possíveis para compreender aquilo que cremos (*ut intelligamus quod credimus*).

---

1. *De Trinitate*, Prólogo: PL 196, 889-890; ou Col. Sources Chrétiennes 63, Cerf, Paris, 1959, p. 50-59. Ricardo († 1173) foi um grande expoente da célebre escola da "teologia monástica", portanto de linha místico-contemplativa, da abadia parisiense de S. Vítor.

Pensemos no ardor dos filósofos profanos quanto ao estudo de Deus, nos progressos que fizeram. E envergonhemo-nos de nos mostrar, nesse ponto, inferiores a eles. (...) E nós, que fazemos nós, que, desde o berço, recebemos a tradição da verdadeira fé? O amor da verdade deve ser em nós mais eficaz que neles o amor da vaidade! Será preciso que, nessas questões, nos mostremos mais capazes, nós que somos dirigidos pela fé, arrastados pela esperança, impelidos pela caridade!

Devemos julgar ainda insuficiente ter sobre Deus, pela fé, ideias corretas e verdadeiras. Esforcemo-nos, como dizíamos, por compreender o que cremos (*quae credimus intelligere*). Empenhemo-nos sempre, nos limites do lícito e do possível, por captar pela razão o de que estamos convencidos pela fé (*comprehendere ratione quod tenemus ex fide*). Aliás, é de se admirar se diante das profundezas divinas nossa inteligência se obscureça, ela que é, quase a todo o momento, envolvida pela poeira dos pensamentos terrenos?

"Sacode a poeira, virgem, filha de Sião" (Is 52,2). Se somos filhos de Sião, erijamos aquela sublime escada da contemplação. Como águias, tomemos asas (cf. Is 40,31), para podermos plainar acima das realidades terrestres e nos elevar às celestes. (...) Elevemo-nos, pois, pelo espírito (*spiritualiter*), elevemo-nos pela inteligência (*intellectualiter*) lá onde entretempos a ascensão com o corpo (*corporaliter*) não nos é ainda possível. (...)

Pois é para o céu que somos levados pelo Espírito, que nos levanta, todas as vezes que a graça da contemplação nos faz alcançar a inteligência do eterno. Deve-nos, pois, parecer pouca coisa ter uma fé autêntica nas realidades eternas, se não nos é dado corroborar estas verdades da fé pelo testemunho da razão. Sem nos satisfazer com o conhecimento do eterno que só a fé outorga, procuremos atingir o que dá a inteligência, se ainda não somos capazes do conhecimento que concede a experiência (mística).

Todas as reflexões desse prólogo têm por objetivo tornar nossos espíritos mais atentos e mais ardentes neste estudo. É um mérito, assim o cremos, estarmos cheios de entusiasmo nessa busca, mesmo se os resultados não respondem totalmente aos nossos desejos. > >

Seção I

FUNDAMENTOS

CAPÍTULO 2

Como nasce concretamente a teologia

RESUMINDO

1. A teologia nasce do coração da própria fé. É, na definição felicíssima de Sto. Anselmo, "a fé que ama saber". Igualmente o amor, que nasce da fé, deseja saber as razões por que ama. Tal é a dupla fonte *objetiva* da teologia.

2. Quanto à fonte *subjetiva* da teologia, é o próprio espírito humano que "deseja naturalmente conhecer" (Aristóteles), e disso não estão excluídas as coisas da fé.

3. Toda a pessoa de fé, na medida em que procura entender o porquê daquilo que crê, é, a seu modo e à sua medida, "teóloga".

4. Em sua raiz mais profunda, a teologia nasce da fé, entendida em sua unidade como novo nascimento, mais simplesmente como *conversão*. Só um ser profundamente transformado pode verdadeiramente ter acesso aos mistérios divinos.

5. A fé é uma realidade unitária, mas é também complexa. E é segundo essa complexidade que a fé é fonte, objeto e fim da teologia. De fato, a fé compreende:

– um elemento *cognitivo*: é a fé-palavra;

– um elemento *afetivo*: é a fé-experiência;

– um elemento *ativo*: a fé-prática.

6. Há uma relação íntima, orgânica entre fé e teologia. Esta é a "fé em estado de ciência".

7. A fé sempre vem antes da teologia e tem o primado absoluto sobre ela, como mostra toda a tradição teológica, na linha do "crê para entender" de Agostinho e que Anselmo retomou em seu "creio para entender".

LEITURA

STO. ANSELMO DE CANTUÁRIA:
Incitação da mente à contemplação de Deus[2]

<< Eia, vamos, pobre homem! Foge por um pouco às tuas ocupações, esconde-te dos teus pensamentos tumultuados, afasta as tuas graves preocupações e deixa de lado as tuas trabalhosas inquietudes. Busca, por um momento, a Deus, e descansa um pouco nele. Entra no esconderijo da tua mente, aparta-te de tudo, exceto de Deus e daquilo que pode levar-te a ele, e, fechada a porta, procura-o. Abre a ele todo o teu coração e dize-lhe: "Quero teu rosto; busco com ardor teu rosto, ó Senhor" (Sl 26,8).

Eis-me, ó Senhor meu Deus, ensina, agora, ao meu coração onde e como procurar-te, onde e como encontrar-te. Senhor, se não estás aqui, na minha mente; se estás ausente, onde poderei encontrar-te? Se tu estás por toda parte, por que não te vejo aqui? Certamente habitas uma luz inacessível. Mas onde está

---

2. *Proslógio* (1078), cap. 1: PL 158, 225-227, trad. apud Col. Os Pensadores, Abril, São Paulo, 1979, p. 99-101. Parte deste texto constitui a 2ª leitura de sexta-feira da 1ª semana de Advento da *Liturgia das horas*. O livro citado contém o famoso "argumento ontológico". As circunstâncias dessa intuição, surgida em plena noite, mostra-nos em Anselmo um teólogo apaixonado. Com efeito, como conta Eadmero na *Biografia* do santo (I, 26), sua busca ardente por uma chave teórica, única e autoevidente, que provasse a existência de Deus, converteu-se para ele numa obsessão, que o distraía na oração, lhe tirava o apetite e o sono, a ponto de tornar-se para ele uma verdadeira tentação. Contudo, o "pai da escolástica", como é considerado, foi também um pastor profético, que, quando arcebispo de Cantuária, enfrentou com desassombro os abusos dos dois reis normandos: Guilherme II († 1100) e Henrique I († 1110). Contudo, a inquietação teológica nunca o deixou. Ainda no leito de morte, avisado de que seu fim se aproximava, disse: "Se tal é a vontade de Deus, obedecerei de bom grado. Mas se quiser deixar-me entre vós até que termine uma questão que me preocupa o espírito, relativa à origem da alma, ficaria muito agradecido a Ele, pois não sei se encontraria alguém que se ocupe disso se eu morrer": Col. cit. supra, Os Pensadores, p. XIII.

essa luz inacessível? E como chegar a ela? Quem me levará até lá e me introduzirá nessa morada cheia de luz para que ali possa enxergar-te?

Nunca te vi, ó Senhor meu Deus. Senhor, eu não conheço o teu rosto. Que fará, ó Senhor, que fará este teu servo tão afastado de ti? Que fará este teu servo tão ansioso pelo teu amor e, no entanto, lançado tão longe de ti? Anela ver-te, mas teu rosto está demasiado longe dele. Deseja aproximar-se de ti, mas a tua habitação é inacessível. Arde pelo desejo de encontrar-te, e não sabe onde moras. Suspira só por ti, e não conhece o teu rosto. Ó Senhor, tu és o meu Deus e o meu Senhor, e nunca te vi. Tu me fizeste e resgataste, e tudo o que tenho de bom devo-o a ti; no entanto, não te conheço ainda. Fui criado para ver-te, e até agora não consegui aquilo para que fui criado.

(...) E tu, Senhor, até quando, até quando, ó Senhor, ficarás esquecido de nós? Até quando conservarás o teu rosto afastado de nós? Quando iluminarás os nossos olhos e nos mostrarás o teu rosto? Quando voltarás a nós? Olha para nós, ó Senhor. Escuta-nos, ilumina os nossos olhos, mostra-te a nós. Volta para junto de nós, a fim de termos, novamente, a felicidade, pois, sem ti, só há dores para nós. Tem piedade de nossos sofrimentos e esforços para chegar a ti, pois, sem ti, nada podemos. Convida-nos, ajuda-nos, Senhor. Rogo-te que o meu desespero não destrua este meu suspirar por ti, mas respire dilatado meu coração na esperança. Rogo-te, ó Senhor, consoles o meu coração amargurado pela desolação. Suplico-te, ó Senhor, não me deixes insatisfeito após começar a tua procura com tanta fome de ti. Famélico, dirigi-me a ti: não permitas que volte em jejum. Pobre e miserável que sou, fui em busca do rico e do misericordioso: não permitas que retorne sem nada, e decepcionado. E se suspiro antes de comer, faze com que eu tenha a comida após os suspiros.

Ó Senhor, encurvado como sou, nem posso ver senão a terra: ergue-me, pois, para que possa fixar com os olhos o alto. As minhas iniquidades elevaram-se por cima da minha cabeça, rodeiam-me por toda parte e me oprimem como um fardo pesado. Livra-me delas, alivia-me desse peso, para que não fique encerrado como num poço. Seja-me permitido enxergar a tua luz, embora de tão longe e desta profundidade. Ensina-me como procurar-te e mostra-te a mim que te procuro. Pois, sequer posso procurar-te se não me ensinares a maneira, nem encontrar-te se não te mostrares. Que eu possa procurar-te desejando-te, e desejar-te ao procurar-te, e encontrar-te amando-te, e amar-te ao te encontrar.

Ó Senhor, reconheço e te rendo graças por teres criado em mim esta tua imagem a fim de que, ao recordar-me de ti, eu pense em ti e te ame. Mas ela está tão apagada em minha mente por causa dos vícios, tão embaciada pela névoa dos pecados, que não consegue alcançar o fim para o qual a fizeste, a menos que tu não a renoves e a reformes. Não tento, ó Senhor, penetrar a tua profundidade. De maneira alguma a minha inteligência amolda-se a ela, mas desejo, ao menos, compreender a tua verdade, que o meu coração crê e ama. Com efeito, não busco compreender para crer, mas creio para compreender (*non enim quaero intelligere, ut credam; sed credo, ut intelligam*). Efetivamente creio, porque, se não cresse, não conseguiria compreender. >>

CAPÍTULO 3

O que estuda a teologia e em que perspectiva

RESUMINDO

1. Como em toda ciência, é preciso distinguir na teologia o objeto material – o que se estuda; e o objeto formal – o aspecto sob o qual se estuda algo. Ao objeto formal corresponde no sujeito epistêmico a *perspectiva*, como o lado subjetivo ao objetivo. Ora, o objeto determina o método.

2. O objeto *material* da teologia é, em primeiro lugar, Deus e depois tudo o mais. Portanto, nada há que não seja em princípio teologizável. Na prática, porém, teologiza-se segundo certa medida.

3. O objeto *formal* da teologia é Deus enquanto revelado e também toda e qualquer realidade na medida em que se relaciona com o Deus revelado. Tal é o aspecto determinante em teologia, que dá qualidade teológica ao seu discurso. Portanto, faz-se teologia sempre que se reflete algo "à luz da fé" ou da Revelação.

4. É perfeitamente legítimo fazer teologia do processo de libertação, como, aliás, de qualquer outra coisa, desde que se analise o tema em foco *sob o prisma crítico da fé*. Dizer, pois, que a teologia só se ocupa com Deus, para excluir qualquer outro assunto, é ignorar este princípio elementar: o que faz uma ciência não é seu assunto (objeto material), mas o modo como esse assunto é tratado (objeto formal).

5. Na medida em que a perspectiva própria da teologia é constituída pela "luz da fé", ela tem como pressuposto a *iluminação* própria da fé e sua *iniciação*. Em virtude de tal iniciação, o teólogo é iluminado pelo Espírito e feito capaz de ver tudo banhado na luz divina.

6. No cenário teológico hoje se afirmam "novos enfoques": da libertação, feminista, étnico, inter-religioso e ecológico. Não cons-

tituem apenas novos temas (embora sejam isso também), mas mais ainda novas perspectivas, que investem o conjunto da teologia. Cada um desses enfoques possui sua metodologia própria, determinada sempre pelo seu objeto específico.

7. Esses "novos enfoques" se articulam com o enfoque *teológico* básico como "enfoques segundos" em relação ao "enfoque primeiro". Portanto, eles encontram seu fundamento último e sua justificação radical somente quando se *acrescentam* à perspectiva própria da teologia – a luz da fé – e operam no vigor da mesma. Essa perspectiva constitui o enfoque *originário*, perene e insubstituível de todo e qualquer discurso que se quer teológico.

LEITURA

SANTO TOMÁS DE AQUINO:
O objeto próprio da teologia[3]

<< I. Objeções

Parece que não é Deus o objeto formal da ciência teológica. Com efeito:

1. Em qualquer ciência é preciso saber de antemão qual é a essência de seu objeto. É o que afirma Aristóteles no livro dos *Analíticos posteriores* (l. 1, c. 1). Ora, é impossível à teologia saber o que é Deus. Pois diz S. João Damasceno: "De Deus é impossível dizer o que seja". Portanto, parece mesmo que Deus não é o objeto formal da teologia.

2. Mais. Tudo o que se discute numa ciência deve vir compreendido no interior de seu objeto. Ora, a Sagrada Escritura, além de Deus, discute acerca de muitas outras coisas. Fala, por exemplo, das criaturas e das práticas dos seres humanos. Donde, Deus não parece ser o objeto da teologia.

II. Argumento de autoridade

Todavia, em contrário temos que o objeto de uma ciência é aquilo de que se trata nessa ciência. Ora, na teologia se fala de Deus. De fato, "teologia" significa "discurso sobre Deus". Portanto, é Deus mesmo o objeto da teologia.

---

3. *Suma Teológica*, parte I, questão 1, artigo 7. Costuma-se abreviar assim: *ST* I, q. 1, a. 7. A tradução é minha.

III. Argumentação teológica

Respondo dizendo que é Deus o objeto da teologia. Efetivamente, o objeto está para uma ciência como está para uma faculdade ou hábito. Ora, considera-se objeto próprio de uma faculdade ou hábito aquilo sob cujo aspecto se lhe refere qualquer coisa. Assim, por exemplo: gente e pedra se referem à faculdade da vista sob o aspecto de que ambos possuem cor. Daí que o ser colorido é o objeto próprio da vista.

Vindo agora à teologia, digamos que nela se trata de todas as coisas à luz de Deus, quer por serem tais coisas o próprio Deus, quer por terem relação com Deus como princípio e fim.

O mesmo pode ser esclarecido a partir dos princípios da teologia, que são os artigos da fé, fé essa provinda de Deus. Ora, o objeto formal de uma ciência é o mesmo que o objeto dos princípios dessa ciência. Pois a ciência está contida por inteiro de modo virtual em seus próprios princípios.

Alguns, entretanto, olhando mais para os assuntos tratados pela teologia do que para a razão segundo a qual ela os considera, atribuíram outro objeto à teologia. Para uns, seriam as realidades e os sinais; para outros, a história da salvação; para outros ainda, o Cristo total, isto é, cabeça e membros. Na verdade, de todos esses temas trata sim a teologia, mas sempre segundo a relação que têm para com Deus.

IV. Resposta às objeções

1. Embora sobre Deus não se saiba propriamente o que Ele é, para tratar dos assuntos teológicos o teólogo recorre, no lugar da definição, ao efeito (obra) de Deus, seja na ordem da natureza, seja na ordem da graça. O mesmo acontece, aliás, em algumas ciências filosóficas: estas demonstram algo sobre a causa a partir do efeito, aceitando para tanto o efeito no lugar da definição prévia da causa.

2. Todas as outras coisas que se debatem na teologia, à exceção de Deus, são sempre compreendidas em Deus. Contudo, não são compreendidas como partes, espécies ou acidentes de Deus, mas enquanto referidas de algum modo a Ele. >>

CAPÍTULO 4

A racionalidade própria da teologia

RESUMINDO

1. A teologia é *ciência* na medida em que realiza a tríplice caracterização formal de toda ciência, que é a de ser crítica, sistemática e autoamplificativa.

2. Falando em geral, a racionalidade própria da teologia, enquanto "ciência humana", é de tipo *hermenêutico*: ela procura compreender, de modo mais exaustivo ou "saturado" possível, a Palavra de Deus ou o sentido de fé, primeiro do "texto bíblico" e, em seguida, à luz deste, do "texto da vida".

3. Do ponto de vista analítico, a racionalidade hermenêutica da teologia se desenvolve sob duas formas: as *razões de conveniência ou dialéticas*, que são as primárias, e as *razões necessárias* ou demonstrativas, que têm uma função segunda.

4. Além de se apresentar sob a forma de ciência, a teologia aparece também sob a forma de *sabedoria*, na medida em que seu discurso é do tipo da gnose, ou seja, global, experiencial e místico.

5. Principalmente como sabedoria, mas também como ciência, a teologia tem uma essencial dimensão *pneumatológica* ou espiritual, pois ela se alimenta da fé que é dom teologal e que é infundida com os dons do Espírito.

6. A fé possui sua *inteligência* própria, no sentido de ter sua luz ou sua inteligibilidade específica, consistindo na intuição supraconceitual e mesmo suprarracional do Mistério de Deus.

7. Já a *razão* da fé, propriamente a teologia, é a exposição racional, ou seja, discursiva (quer sapiencial, quer científica) da fé revelada. Nesse sentido, a fé é em parte racional ou racionalizável, e em parte não. Mesmo assim, a razão teológica representa o ponto mais alto a que pode chegar a razão humana em geral.

8. De vez que a razão está naturalmente sempre aquém da Verdade da fé; mais: que tende concupiscentemente a se fechar sobre si mesma, é necessário que ela passe pela experiência da cruz e de sua "loucura" a fim de que, ressuscitada, apreenda a sabedoria paradoxal de Deus. É a dimensão "estaurológica" da razão teológica.

LEITURA I

VATICANO I:
A fé e a razão[4]

<< 3015. O consenso constante da Igreja Católica tem crido e crê que há duas ordens de conhecimento, distintas não só por seu princípio, mas também por seu objeto: por seu princípio, visto que numa conhecemos pela razão natural, e na outra pela fé divina; e por seu objeto, porque, além daquilo que a razão natural pode atingir, são-nos propostos à fé Mistérios escondidos em Deus, que não podemos conhecer sem a Revelação divina. (...)

3016. Em verdade, a razão, iluminada pela fé, quando investiga diligente, pia e sobriamente, consegue, com ajuda de Deus, alguma compreensão dos Mistérios – e esta frutuosíssima – quer pela analogia das coisas conhecidas naturalmente, quer pela conexão dos próprios Mistérios entre si e com o fim último do homem. Nunca, porém, se torna capaz de compreendê-los como compreende as verdades que constituem o seu objeto próprio. Pois os Mistérios divinos, por sua própria natureza, excedem de tal modo a inteligência criada, que, mesmo depois de revelados e aceitos pela fé, permanecem ainda encobertos com os véus da mesma fé e como que envoltos em um nevoeiro, enquanto durante esta

---

4. Constituição Dogmática *"Dei Filius"*, cap. 4: DS 3015-3017 e 3019, apud Col. Documentos Pontifícios 96, Vozes, Petrópolis, 1953, p. 8-10.

vida "vivermos ausentes do Senhor; pois andamos guiados pela fé, e não pela contemplação" (2Cor 5,6s).

3017. Porém, ainda que a fé esteja acima da razão, jamais pode haver verdadeira desarmonia entre uma e outra. De fato, o mesmo Deus que revela os Mistérios e infunde a fé, dotou o espírito humano da luz da razão; e Deus não pode negar-se a si mesmo, nem a verdade jamais contradizer à verdade. A vã aparência de tal contradição nasce principalmente disto: ou de os dogmas da fé não terem sido entendidos e expostos segundo a mente da Igreja, ou de se considerarem simples opiniões como axiomas certos da razão. (...)

3019. E não só não pode jamais haver desarmonia entre a fé e a razão, mas uma serve de auxílio à outra: a reta razão demonstra os fundamentos da fé e, iluminada com a luz desta, cultiva a ciência das coisas divinas; e a fé livra e guarda a razão dos erros, enriquecendo-a de múltiplos conhecimentos. (...) Nem proíbe (a Igreja) que as disciplinas (humanas), dentro de seu respectivo âmbito, façam uso de seus princípios e métodos próprios. Mas, reconhecendo embora esta justa liberdade, admoesta cuidadosamente que não admitam em si erros contrários à doutrina de Deus ou ultrapassem os próprios limites, invadindo e perturbando o que é do domínio da fé. > >

LEITURA II

STO. AGOSTINHO:
A fé e a razão na Carta 120[5]

<< (2) (...) És razoável quando me pedes a mim, ou a qualquer outro doutor, razões que te façam entender o que crês? Corrige nisso a tua posição, não no sentido de renunciar à fé, mas para que contemples também com a luz da razão o que já admites na firmeza da fé.

(3) Longe de nós pensar que Deus possa odiar em nós aquela faculdade pela qual nos criou superiores ao resto dos animais. Longe de nós pensar que a fé nos incita a recusar ou a deixar de buscar a razão, pois nem mesmo poderíamos crer se não tivéssemos almas racionais.

---

5. *Carta 120*, a Consênsio (ano 410): PL 33, 452-462; ou *Obras de San Agustín*, BAC, t. 8, Católica, Madri, 1951, p. 880-905.

Pertence já ao foro da razão o fato de que a fé preceda à razão em certos assuntos próprios da doutrina da salvação, cuja razão ainda não somos capazes de compreender (embora o sejamos mais tarde). A fé purifica o coração, a fim de que capte e suporte a luz da grande razão (*magnae rationis*). E assim, foi com razão que disse o Profeta: "Se não crerdes, não compreendereis" (Is 7,9: LXX).

Aqui se distinguem sem dúvida duas coisas: dá o conselho para crermos em primeiro lugar, para que em seguida possamos entender o que cremos. Portanto, é a própria razão que exige a precedência da fé sobre a razão. Já vês que, se esse preceito não fosse racional, haveria de ser irracional: Deus te livre de pensar em tal coisa. Logo, se este preceito é racional, não cabe dúvida de que a mesma razão, que dá precedência à fé sobre a razão quando se trata das grandes questões que não se podem ainda compreender, deve ela própria preceder à fé. (...)

(6) Permite-me falar assim para mover tua fé ao amor do conhecimento (*ut fidem tuam ad amorem intelligentiae cohorter*): a ele conduz a razão verdadeira e para ele a alma é preparada através da fé. (...)

(8) (...) Melhor é creres o que é verdadeiro, embora ainda não o vejas, do que pensares que vês o verdadeiro quando de fato é falso. Também a fé possui seus olhos (*habet fides oculos suos*). Por esses olhos vê, de certo modo, que é verdadeiro aquilo que ainda não vê; e por eles também vê com certeza que ainda não vê aquilo que crê. Mais ainda: quem chega a compreender, com verdadeira razão, aquilo que antes apenas cria é realmente preferível àquele que ainda só deseja entender o que crê. Mas quem nem sequer deseja entender e pensa que as coisas que deveríamos entender basta crê-las, esse não sabe ainda para que serve a fé, já que a fé piedosa não quer estar sem a esperança e a caridade. Ora, o fiel deve crer o que ainda não vê, porém esperando e amando a visão futura.

(13) (...) Não é um pequeno início do conhecimento de Deus saber o que Deus não é, antes de passarmos a saber o que é. Ama intensamente a inteligência (*intellectum valde ama*). Nem sequer as sagradas Escrituras, que exigem fé nos grandes mistérios antes de podermos entendê-los, poderão te serem úteis, se não as entenderes corretamente. (...)

(14) Tu, caríssimo, ora intensa e fielmente para que o Senhor te dê o entendimento (*ora... ut det tibi Dominus intellectum*). Assim, ser-te-ão frutuosas as advertências que de fora te oferece a inteligência dos mestres e doutores. > >

CAPÍTULO 5

A fé-palavra: fonte primeira e decisiva da teologia

RESUMINDO

1. O princípio formal *objetivo* da teologia é a Revelação ou a Palavra de Deus. Fazer teologia é ver finalmente tudo "à luz da Palavra".

2. O princípio formal *subjetivo* da teologia é a fé-palavra. Teologia é refletir Deus e tudo "à luz da fé".

3. A Revelação divina consiste em palavras e, mais ainda, em *fatos*. Mas para efeito da *teoria* teológica, a Revelação é princípio determinante enquanto *interpretação profética* dos fatos salutares, isto é, enquanto narrativa *significativa*.

4. A Doutrina da fé ou a Palavra de Deus se encontra concretamente na *Sagrada Escritura*, lida e tradicionada na e pela Comunidade eclesial.

5. A base dos princípios acima referidos é que a Revelação detém sobre a razão um *primado absoluto*. Ela encontra no ser humano certa *correspondência*, mas não um condicionamento qualquer. Por isso, o ser humano só pode acolher a Palavra no maravilhamento da contemplação e do amor, fonte secreta de toda palavra teológica.

6. Ressalve-se que a fé-palavra é princípio decisivo apenas no campo do *saber teológico*, não no campo da *prática* da vida. Se lá vale o critério de *verdade*, aqui vale ultimamente o critério do amor autêntico. Certo, a palavra da verdade está a serviço do amor, mas, para ser eficaz, esse serviço precisa ser verdadeiro, correto, ortodoxo.

7. O "ponto de partida" estritamente *teórico* (epistemológico) do discurso teológico só pode ser a fé positiva. Já seu ponto de partida

prático (didático, expositivo, pastoral, etc.) pode ser perfeitamente a realidade, a vida ou a práxis.

8. A teologia, como toda ciência, parte necessariamente de pressupostos ou de *princípios*, que ela explicita com toda a clareza (e que inclusive confessa). Contudo, os princípios não devem ser confundidos com os *preconceitos*. Aqueles abrem a inteligência, esses a fecham.

9. O princípio *determinante* da teoria teológica (não da prática da vida) não pode ser nem a experiência nem a prática, mas sim a Palavra (a de Deus, primeiro, a da fé da Comunidade, em seguida). Pois tanto a experiência como a prática precisam ambas ser avaliadas à luz da Palavra revelada e por ela animadas.

10. A teologia é também *intellectus amoris* sim, mas apenas de modo *derivado e segundo*, pois o amor também precisa ser iluminado e dirigido finalmente pelo *intellectus fidei*, derivado ele mesmo da Palavra de Deus.

LEITURA

STO. ANSELMO DE CANTUÁRIA:
Primado da fé na teologia[6]

<< Antes de discutir a questão (da Encarnação do Verbo), direi algumas palavras para conter a presunção daqueles que, por uma temeridade ímpia, se atrevem a questionar um ponto qualquer da fé cristã por não poderem compreendê-la, e julgam, por um orgulho tolo, que o que não podem compreender é impossível, em vez de confessar, por uma humilde sabedoria, que podem existir muitas coisas que são incompreensíveis. Nenhum cristão deverá tentar jamais demonstrar que não existe o que a Igreja Católica crê de coração e confessa com a boca. Ao contrário, conservando sempre firmemente esta fé, amando-a

---

6. *Epistola de Incarnatione Verbi* (Carta sobre a Encarnação do Verbo): PL 158, 263-265, e in *Obras completas de San Anselmo*, BAC 82, Católica, Madri, 1952, t. 1, p. 689-697. Anselmo se insurge aqui contra a presunção dos nominalistas, cujo chefe de fila era Roscelino († 1124). Em sua dialética desabrida, afirmavam só existirem os seres individuais, sendo as realidades universais puras abstrações, seres fictícios, puramente lógicos. O que os levou a defender o triteísmo.

e conformando com ela sua vida, deve investigar humildemente, na medida de suas forças, a razão que lhe faça ver como é essa fé (*rationem quomodo sit*). Se pode compreendê-la, dê graças a Deus. Se não pode, não levante a cabeça para combatê-la (*non immittat cornua ad ventilandum*), mas deve antes abaixá-la em adoração.

Porque a sabedoria humana, confiando apenas em si mesma, pode mais facilmente romper-se os cornos de encontro a esta pedra, do que demovê-la com suas investidas. Há, com efeito, alguns que, quando sentem brotar em si os cornos de uma ciência autossuficiente e ignorando que, se alguém pensa saber algo, ignora ainda como deve saber, antes que a solidez da fé tenha proporcionado asas espirituais, costumam elevar-se presunçosamente até às mais altas questões da fé. Daí provém que, em seus esforços por elevar-se às avessas, através da inteligência, até às verdades que exigem antes a escala da fé, como está escrito: "Se não crerdes, não compreendereis" (Is 7,9), caem forçosamente, por falta de inteligência, numa multidão de erros. Porque é evidente que não têm o sólido sustentáculo da fé aqueles que, não podendo compreender o que creem, discutem contra a verdade desta mesma fé, confirmada pelos Santos Padres, como se os morcegos e as corujas, que não veem o céu senão de noite, quisessem disputar sobre os raios do sol em pleno meio-dia contra as águias, que fixam o sol sem pestanejar. (...)

Por conseguinte, antes de tudo, temos que purificar o coração pela fé, conforme se diz de Deus, que "purificou seu coração pela fé" (At 15,9); iluminar os olhos pela prática dos mandamentos do Senhor, porque "o mandamento do Senhor é brilhante e dá claridade aos olhos" (Sl 18,9); e chegar a ser, por uma humilde submissão ao testemunho do Senhor, como pequeninos, a fim de aprender a sabedoria "que nos dá o testemunho fiel do Senhor, concedendo sabedoria aos pequeninos" (Sl 18,8). Pelo que o Senhor disse: "Dou-te graças, Pai, (...) porque revelaste essas coisas aos pequeninos" (Mt 11,25).

Por certo, é isto que aqui digo: quem não crer, não compreenderá. Porque quem não crer, não experimentará, e quem não experimentar, não compreenderá. Porque quanto supera a experiência ao simples ouvir dizer, outro tanto supera a ciência de quem experimentou o conhecimento de quem só ouviu falar.

Mais: sem a fé e a prática dos mandamentos de Deus, não somente é impossível ao espírito compreender as verdades profundas, mas acontece também às vezes que, uma vez abandonada a boa consciência, desapareça a inteligência e a própria fé se perca. (...) Que ninguém, por conseguinte, penetre nas obscuridades das questões religiosas senão depois de ter adquirido, na solidez da fé, a gravidade dos costumes e da sabedoria, de medo que, recorrendo, com leviandade e imprudência, aos inumeráveis rodeios dos sofismas, não se veja enredado por algum erro tenaz. (...)

Disse tudo isso para que ninguém presuma discutir as mais profundas questões referentes à fé sem estar capacitado para tanto; ou, se vier a ter tal pretensão, para que nenhuma dificuldade ou impossibilidade de compreender possa apartá-lo da verdade a que aderiu pela fé. > >

CAPÍTULO 6

A fé-experiência:
Outra fonte da teologia

RESUMINDO

1. A palavra da fé é determinada, *a montante*, pela experiência da fé. É pois desta que a teologia fontalmente se nutre.

2. A "velhinha cristã" é o tipo de todo fiel (também do teólogo), que, crendo na simplicidade de seu coração, se torna discípulo do Espírito, que lhe faz conhecer o sentido da vida de maneira muito mais profunda que o poderia compreender o maior pensador, privado da fé.

3. O conhecimento místico ou espiritual, típico do saber originário da fé, é um saber *apofático* ou negativo, *simpático* ou experiencial e *extático* ou exódico/pascal.

4. "Teologia" é um termo que, em seus *primórdios*, designava uma "palavra sobre Deus": palavra de invocação ou de anúncio. A ciência teológica faz bem em não esquecer o sentido místico de sua raiz etimológica, para guardar sempre um fundamental perfil contemplativo e querigmático.

5. A tradição teológica do *Oriente* conservou sempre uma ligação viva com a vida espiritual e com a liturgia. Lá, teologia é ou supõe contemplação e "eucaristia".

6. No *Ocidente*, a vertente mística da teologia nunca se perdeu de todo, como testemunham as correntes monástica, agostiniana e franciscana. Houve, contudo, na teologia uma deriva grave para o lado de um intelectualismo esterilizante.

7. A primeira posição do teólogo é de joelhos. Só uma "teologia genuflexa" obtém do Espírito o dom de uma mente iluminada: inteligência, sabedoria, ciência e conselho, que iluminarão em seguida todo o seu labor teológico.

8. Do ponto de vista de seu *conteúdo*, a teologia é sempre *sabedoria*, isto é, saber das coisas supremas e divinas, mesmo sob forma de "teologia científica" (sabedoria em estado de ciência). Agora, do ponto de vista de sua *forma* de expressão, só a "teologia sapiencial" é sabedoria, isto é, saber saboroso. Contudo, quer sob uma forma, quer sob outra, a teologia não é formalmente (embora sim radicalmente) sabedoria-dom (espiritual), mas sabedoria-*virtude* (intelectual), porque vem pelo trabalho do conceito.

9. A teologia pode ser sabedoria também num segundo sentido. É quando a teologia reveste a forma de um discurso saboroso, afetivo, experiencial (Sto. Agostinho, S. Boaventura). É a *teologia sapiencial*. À diferença dessa forma de expressão, a teologia pode também assumir outra, a do saber teórico. É a *teologia científica* (S. Tomás, Duns Scotus).

10. O que dá a experiência da fé à razão da fé é o "frêmito da vida". Só um teólogo que banhe na experiência do Espírito vivificador e que saia daí gotejando poderá produzir uma teologia viva e vivificadora.

LEITURA

KARL BARTH:
Teologia invocativa[7]

<< O objeto do labor teológico não vem a ser "Algo" nem "Algo superior absoluto"... É antes "Alguém", não "uma coisa", mas "Ele", o Uno, que existe não qual "ser-em-si", passivo e mudo, mas que se revela em sua obra, que, como tal, é também a sua Palavra. A tarefa do labor teológico é a de ouvir este Uno,

---

7. Karl BARTH, *Introdução à teologia evangélica*, Sinodal, São Leopoldo, 1977, p. 128-129 (orig. al. EVZ-Verlag, Zurique, 1962). Essa obra constitui o último seminário dado pelo teólogo, seu "canto do cisne". O título do trecho acima é nosso.

que fala em sua obra; de prestar contas desta Sua Palavra a si mesmo, à Igreja e ao Mundo.

Com isso terá de aprender e proclamar, antes de tudo, que a Palavra deste Uno não é nenhum anúncio neutro, mas que é o Fato crítico da História, da relação entre Deus e o ser humano. "Eu sou o Senhor, teu Deus, que te conduziu da casa da servidão do Egito. Não terás outros deuses diante de mim!" Só levando a sério o fato de que é Deus quem dirige a Palavra ao ser humano, esta poderá ser percebida e compreendida como sendo Palavra da verdade, referente à obra de Deus, à verdade do próprio Deus.

Assim também todo o raciocinar e falar humanos em relação a Deus só poderão ter o caráter de resposta a ser dada à sua Palavra. Não se trata de nenhum raciocinar ou falar acerca de Deus, mas exclusivamente de um raciocinar ou falar divinos, dirigidos ao ser humano, cujo falar segue ao falar de Deus e a ele se relaciona.

E assim como seria errado se a oração se relacionasse a um "Algo" divino..., poderia ser igualmente errado e, com certeza, seria um raciocínio inadequado referente a Deus, se se referir a Ele... na terceira pessoa. Só poderemos raciocinar e falar em relação a Deus, de forma autêntica e adequada, se a ele respondermos; se, portanto, aberta ou secretamente, de forma implícita ou explícita, com Ele tratarmos na segunda pessoa.

Mas isso quer dizer que o labor teológico... deverá realizar-se essencialmente em forma de um ato litúrgico, como invocação de Deus, como oração dirigida a Ele. Revelando esse estado de coisas, Anselmo de Cantuária colocou, acima da primeira modalidade de sua doutrina sobre Deus, o *Monológion*, uma segunda, que chamou de *Proslógion*, na qual realmente passou a desdobrar tudo o que tinha a dizer a respeito da existência e da "essência" de Deus, dirigindo a palavra diretamente a Ele, do princípio ao fim, em uma única oração. (...)

Uma teologia... que perdesse de vista a relação eu-tu, na qual Deus é o Deus do ser humano e vice-versa; uma teologia que assim tivesse o não essencial pelo essencial, só poderia ser uma teologia falsa. Teologia autêntica, ao considerar que Deus só poderá ser seu objeto se for sujeito que atua e fala, será necessariamente, de forma implícita ou indireta, *Proslógion*..., será oração.

Todos os movimentos litúrgicos que surgem na Igreja chegam tarde, se a teologia, na própria base, não for movimento litúrgico, se não for praticada como *proskynesis*, isto é, como adoração. > >

CAPÍTULO 7

A fé-prática:
Mais outra fonte da teologia

RESUMINDO

1. Não é a prática que constitui o princípio iluminador dominante da teologia, mas sim a Palavra da fé, devendo antes a prática ser iluminada pela Fé. Contudo, a prática, como por um "retorno dialético", pode também iluminar a fé e contribuir, com seu *potencial epistemológico* próprio, para o conhecimento teológico.

2. A Revelação se constitui não só de palavras, mas também e, sobretudo, de *eventos*. Por isso a teologia, que tem na Revelação seu princípio determinante, encontra a fonte de seu conhecimento não só nas palavras da fé mas também, e enquanto iluminada por elas, na prática da fé, que atualiza e encarna a Palavra no hoje.

3. A *vida de fé* das pessoas e Comunidades mostra aspectos do mistério de Deus a que o teólogo não deve de modo algum ficar desatento na construção de sua teologia. Em especial, a *liturgia* e a *vida dos santos* possuem uma luz particular que a teologia deve acolher com todo o cuidado.

4. O mesmo ocorre com a *história*. Seus desafios à fé muito ensinaram à Igreja sobre a verdade divina, enquanto provocaram sua atenção para verdades escondidas ou esquecidas e enquanto levaram à retificação e também ao aprofundamento de tantas outras.

5. O Vaticano II, na *Gaudium et Spes*, legitimou a proposta que incorporou a prática como parte do método teológico a título de *polo*

de confronto com a fé, através, porém, de uma dialética em que o polo dominante cabe sempre à fé revelada.

6. O "primado da prática" se justifica apenas na ordem da *prática da fé* (caridade), não na da teoria da fé (teologia). Nesta última, o primado compete à Palavra de Deus (a menos que se entenda a Palavra de Deus como a Prática divina da Salvação, cuja narrativa se encontra nas Escrituras).

7. Para que seja rico e fecundo, o confronto entre fé e prática ou, por outras, entre Evangelho e Vida deve, para o teólogo, se dar na vida real antes que na teoria teológica. Isso implica, como condição necessária, embora insuficiente, que o teólogo tenha uma vinculação real com a vida concreta da *Comunidade eclesial* e não apenas uma vinculação teórica ou moral. Tal vinculação pode se dar em três níveis: no nível da "causa", da "caminhada" e das "condições de vida" do povo (os três "c"s).

8. Também a teologia é chamada a cumprir o imperativo evangélico da "opção preferencial pelos pobres". Isso implica num determinado compromisso do teólogo com o *mundo dos pobres*. Só embreada na vida do povo, sua teologia será efetivamente libertadora.

9. Os pobres, por sua condição, são *portadores privilegiados* da sabedoria da vida e também dos mistérios do Pai. Por isso, para participar de sua riqueza humana e espiritual, o teólogo deverá participar de algum modo da vida dos pobres e pôr-se à sua escuta.

10. A prática ilumina a fé quando é prática de fé. Ilumina enquanto iluminada, como por um "retorno dialético". A luz *própria* da prática para a teologia consiste nisto: que ela, por um lado, *provoca* o conhecimento teológico e, por outro, o *verifica*. Em outras palavras: *interroga* e *reconhece* a verdade teológica.

11. Pelo fato de, em seu núcleo, o método teológico pôr em confronto fé-vida, mostra que não tem apenas uma estrutura dedutiva e nem apenas indutiva, mas sim *dialética*. Com este termo se entende abarcar e ao mesmo tempo superar ambos os métodos há pouco referidos.

LEITURA

GUSTAVO GUTIÉRREZ:
O que é "Teologia da Libertação"[8]

<< A teologia como reflexão crítica da práxis histórica à luz da Palavra não só não substitui as demais funções da teologia como sabedoria e saber racional, mas ainda as supõe e necessita. Não é tudo, porém. Não se trata, com efeito, de simples justaposição. O trabalho crítico da teologia leva necessariamente a uma redefinição dessas outras duas tarefas. Sabedoria e saber racional terão daí em diante, mais explicitamente, como ponto de partida e como contexto, a práxis histórica. Em referência obrigatória a ela é que se deverá elaborar o conhecimento do progresso espiritual a partir da Escritura; nela igualmente recebe a fé as questões levantadas pela razão humana. A relação fé-ciência situar-se-á no contexto da relação fé-sociedade e no da consequente ação libertadora.

No presente trabalho, dada a índole do tema que nos ocupa, levaremos em conta, sobretudo, esta função crítica da teologia com as implicações que acabamos de indicar. Isso nos levará a estarmos especialmente atentos à vida da Igreja no mundo, aos compromissos que os cristãos, impelidos pelo Espírito e em comunhão com outros homens, vão assumindo na história. Atentos em particular à participação no processo de libertação, fato mais significativo de nosso tempo, que toma peculiaríssima coloração nos países chamados do Terceiro Mundo. Este tipo de teologia que parte da atenção a uma problemática peculiar dar-nos-á, talvez, por caminho modesto, porém sólido e permanente, a *teologia em perspectiva latino-americana* que se deseja. Isto, não por frívolo prurido de originalidade, mas por elementar sentido de eficácia histórica, e também – por que não dizê-lo? – pela vontade de contribuir para a vida e reflexão da comunidade cristã universal. (...)

Por tudo isso, a Teologia da Libertação nos propõe talvez não tanto novo tema para a reflexão quanto *novo modo* de fazer teologia. A teologia como reflexão crítica da práxis histórica é assim uma teologia libertadora da história da humanidade, portanto também da porção dela – reunida em *ecclesia* – que

---

8. *Teologia da libertação*. Perspectivas, Vozes, Petrópolis, 1975, p. 26-27: Conclusão do cap. 1: "Teologia: reflexão crítica" (orig. esp. Sígueme, Salamanca, 1972, retomando trabalhos anteriores, desde 1968).

confessa abertamente Cristo. Teologia que não se limita a pensar o mundo, mas procura situar-se como um momento do processo através do qual o mundo é transformado: abrindo-se – no protesto ante a dignidade humana pisoteada, na luta contra a espoliação da imensa maioria dos seres humanos, no amor que liberta, na construção de uma nova sociedade, justa e fraterna – ao dom do Reino de Deus. >>

Seção II

PROCESSOS

CAPÍTULO 8/1

Momento I da prática teológica – positivo (I): A Sagrada Escritura

RESUMINDO

1. Os três momentos da construção teológica são:

– o momento *positivo*, correspondendo à escuta da fé (hermenêutica);

– o momento *especulativo*, consistindo na explicação da fé (teoria);

– o momento *prático*, que busca atualizar ou projetar a fé na vida (prática).

2. No primeiro momento do ato teológico – "momento positivo" – trata-se do *auditus fidei*, isto é, de ouvir os testemunhos que nos falam do Mistério divino. Este momento é insuficiente, mas é básico para o segundo, o "momento especulativo" ou construtivo, e também para o terceiro, o prático.

3. Entre os testemunhos que o teólogo deve ouvir há os "primários", que são as Sagradas Escrituras e a Tradição; os "secundários", que são os outros testemunhos eclesiais (Credos, Liturgias, Magistério, Santos Padres, Doutores e Teólogos); e, por fim, há os "alheios", que, assim mesmo, podem ser apropriados pela teologia (Religiões, Filosofias, Ideologias, Ciências, História e Sinais dos Tempos).

4. A escuta da "positividade" da fé é sempre ativa. Compreende uma *heurística* (busca dos textos corretos e autênticos); uma *hermenêutica* (interpretação adequada dos textos); e uma *crítica* (apreciação justa dos mesmos textos).

5. A Escritura é a "alma" de toda teologia. Não é ela que está a serviço da teologia ("teologia das teses"), mas ao contrário: é a teologia que está a serviço da Palavra de Deus.

6. Para se compreender corretamente a Escritura existem algumas regras hermenêuticas, que podemos resumir assim:

– dispor-se sinceramente à *escuta* obediente e orante da Palavra;

– situar o texto no *contexto* histórico e também no contexto maior do cânon, do qual Cristo é o ápice;

– fixar primeiro o sentido *textual* e depois desdobrar a partir daí o sentido *atual*, para hoje, finalizando sempre a leitura da Bíblia na prática do *agapé*;

– levar em conta a *Igreja*: a comunhão com toda ela, com sua tradição e com seu Magistério.

7. O núcleo desta hermenêutica coincide com o núcleo da metodologia teológica: confrontar Fé e Amor, ou mais concretamente ainda: *Bíblia e Vida*. Isso significa que a teologia é o desdobramento teórico da Bíblia.

8. O estudo da Bíblia, central na teologia, deve entrar em diálogo fecundo com as outras disciplinas teológicas nestes termos: essas disciplinas propõem ao estudo bíblico novas perguntas e novas hipóteses, e a Bíblia lhes oferece um *fundamento* seguro e lhes abre *novos aspectos* do Mistério de Deus.

LEITURA

S. BOAVENTURA:
O lugar da Escritura na teologia[9]

<< 5. (...) O modo de estudar (a teologia) supõe quatro condições: a ordem, a assiduidade, a complacência e a medida.

---

9. *In Hexaëmeron*, III, VII, 5-19, in S. BONAVENTURAE, *Collationes in Hexaëmeron...*, ed. F. Delorme, Quaracchi, Florença, 1934, p. 214-219. Relembremos que "Sagrada Escritura" designa, para os medievais, não só a Bíblia, mas todos os documentos da doutrina da fé.

6-7. Quanto à *ordem*..., deve-se saber que existem quatro gêneros de escritos em teologia: primeiro vêm os livros das Sagradas Escrituras; segundo, os livros dos textos dos Antigos (*originalium*), isto é, dos Santos Padres; depois as Sumas dos Mestres e, por fim, os escritos dos ensinos profanos (*doctrinarum mundialium*).

Quem quiser aprender, busque a ciência (teológica) na sua fonte, isto é, na sagrada Escritura. Pois junto aos Filósofos não existe a "ciência da salvação para a remissão dos nossos pecados" (*apud Philosophos non est scientia salutis danda in remissionem peccatorum nostrorum*) (Lc 1,77). Nem junto às Sumas dos Mestres em teologia, pois eles se inspiraram nos escritos (*originalibus*) dos Santos Padres. Nesses mesmos, apesar de inspirados na Sagrada Escritura, não é possível ainda obter conhecimento seguro e pleno, pois os Santos Padres puderam se enganar.

O discípulo de Cristo deve estudar em primeiro lugar a Sagrada Escritura, na qual não há erro. Assim, as crianças: primeiro aprendem as letras do alfabeto, isto é, o ABC, depois as sílabas, depois a ler, depois o que significa tal ou tal parte, essa ou aquela construção, e só então compreendem. Quem, portanto, não quer apreender em primeiro lugar o alfabeto, nunca avançará na gramática. Igualmente na Sagrada Escritura: primeiro precisa estudar sua letra e seu texto. E assim como na cítara cada corda é necessária para a harmonia, assim toda a Escritura é como uma cítara. Desse modo, é mister possuir ao alcance da mão (*in promptu*) o texto completo da Sagrada Escritura, de outro modo o teólogo nunca será um expositor preparado (*promptus*) da Escritura.

8-9. Observa como operou o Senhor o milagre em João 2. Não imediatamente disse o Senhor: "Faça-se o vinho", mas quis que os servos enchessem as talhas de água "até às bordas". É necessário, portanto, que a tua talha, isto é, a capacidade de tua mente, seja cheia da água da compreensão literal, para que em seguida Deus a converta em compreensão espiritual. (...)

10-11. É perigoso descer (da Escritura) para os Antigos Padres, e mais perigoso ainda descer para as Sumas dos Doutores, e maximamente perigoso descer até à Filosofia... (...) Pois não se deve misturar a água do saber filosófico ao vinho da Sagrada Escritura em tanta quantidade que o vinho se mude em água. Isso é um mau milagre. Faz-se, assim, o contrário da Igreja primitiva, quando os clérigos recentemente convertidos (cf. At 19,19), como Dionísio, deixavam os livros dos Filósofos e tomavam os livros da Sagrada Escritura. Mas nos dias de hoje (*moderno tempore*) faz-se a transformação do vinho em água, e do pão em pedra, ao contrário dos milagres de Cristo (cf. Jo 2,7s; Lc 11,11; Mt 4,3).

15. Esta é, portanto, a ordem correta: estudar principalmente a Sagrada Escritura quanto aos sentidos literal e espiritual, e em seguida ler os Antigos Padres (*originalia*), submetendo-os à luz da Escritura. Igualmente, estude os escritos dos Filósofos, como que passando por eles. (...)

16. Quanto à segunda condição, a *assiduidade*, temos S. Bernardo que diz: "A leitura dispersiva (*lectio vagabunda*) é um obstáculo muito grande: é como alguém que planta aqui e ali." (...) A Escritura, numa primeira abordagem, parece rude e obscura, mas torna-se familiar pela frequentação assídua e só é possuída plenamente através do exercício contínuo.

17. Quanto à *complacência*, é de se notar que, em relação aos corpos, um alimento difícil não é bem assimilado senão por algum prazer provindo da mastigação e do sabor. Assim acontece com a Escritura: primeiro é preciso consumá-la, depois mastigá-la pela repetição e então assimilá-la, para tornar-se alimento da alma, regra de vida e água da sabedoria salutar. Não é isso que acontece com as águas turvas dos Filósofos. (...) Portanto, deve-se ruminar continuamente as doces palavras da Escritura, em função do sabor que se tem, através da aplicação veemente do espírito. Portanto, não se devem preferir os abraços da serva aos amplexos da senhora, as bolotas dos porcos ao pão dos filhos...

18. Quanto à quarta condição, a *medida*, o estudante tenha muito cuidado em "não saber mais do que convém" (Rm 12,3), mas quanto seja suficiente, em razão do tempo em que vive, de sua condição e dos costumes correntes. Nem se deve castigar o corpo em demasia. Por isso se diz: "Achaste mel? Come apenas o suficiente" (Pr 25,16). > >

CAPÍTULO 8/2

Momento I da prática teológica – positivo (II): A tradição e o dogma

1. A TRADIÇÃO

RESUMINDO

1. Importa distinguir a verdadeira *tradição*, que é um processo vivo, dinâmico e criativo, do *tradicionalismo*, que entende coisificar e mumificar a tradição, o que só pode fazer matando-a.

2. A tradição é decisiva para conferir a uma pessoa ou comunidade uma *identidade* histórica, um *enraizamento* vital, uma âncora existencial. Sem tradição, as pessoas ou comunidades tornam-se vítimas das mudanças, do desorientamento geral e soçobram no nihilismo.

3. As funções principais da tradição na Igreja são: *constituir* o texto bíblico, *conservá-lo* passando-o adiante e *atualizá-lo* criativamente através de novas releituras, segundo os tempos.

4. Toda escritura, especialmente a sagrada, só irradia seu sentido integral quando lida *dentro da tradição* que a gerou, a acompanha e segue adiante.

5. Devemos distinguir:

- a "tradição apostólica", que é fundadora dos textos do NT e é condição *formal* (tal uma atmosfera) para que esses explicitem todo o seu sentido;

- e a "tradição eclesial", que prolonga dinamicamente a primeira, a atualiza e ao mesmo tempo cria novas tradições, que concretizam, nas diferentes culturas e épocas, as exigências da "tradição apostólica".

6. A tradição apostólica, porque divina, permanece sempre a *norma crítica* de todas as "tradições eclesiásticas", no sentido de renová-las, corrigi-las e engendrar novas.

LEITURA

JOHANN ADAM MÖHLER:
A relação Escritura-Tradição[10]

<< Sem a Sagrada Escritura, como a encarnação mais antiga do Evangelho, a doutrina cristã não se teria conservado em sua pureza e em sua simplicidade. E é realmente desafiar a honra de Deus dizer que ela é acidental, pois ela parece simplesmente ter sido composta em circunstâncias absolutamente fortuitas. Que concepção da atividade do Espírito Santo na Igreja! Além disso, sem a Escritura, teria faltado o primeiro elo da cadeia, a qual justamente sem a Escritura teria ficado privada de um verdadeiro começo, portanto, incompreensível, confusa e caótica.

Mas, sem a Tradição contínua, ter-nos-ia faltado o sentido pleno da Escritura, pois, sem intermediário, teríamos ficado na ignorância de suas articulações.

Sem a Escritura, não teríamos podido ter uma visão completa do Redentor, por falta de documentos sólidos e porque certamente tudo teria ficado perdido na incerteza das fábulas.

Mas, sem a Tradição, ter-nos-ia faltado o espírito e a simpatia para esboçar uma tal visão; e até mesmo a matéria, pois, sem a Tradição, nós não teríamos tido Escritura nenhuma.

Sem a Escritura, a forma original dos discursos de Jesus nos teria escapado. Nós não saberíamos *como* o Homem-Deus falou. E penso verdadeiramente que não desejaria mais viver se não pudesse mais ouvi-lo falar.

Mas, sem a Tradição, nós não saberíamos *quem* falou aí e que coisa proclamou; e a alegria de ouvi-lo falar ter-se-ia dissipado!

Em breve, tudo é solidário, tanto pela sabedoria como pela graça de Deus, tudo nos foi dado como qualquer coisa de indivisível. >>

---

10. *A unidade na Igreja*, § 16, 8, citado em J.-R. GEISELMANN, *La Tradition*, in VV.AA., *Questions théologiques aujourd'hui*, DDB, Paris, 1964, t. I, p. 135-136.

2. O DOGMA E SUA EVOLUÇÃO

RESUMINDO

1. "Dogma", no sentido *estrito*, é uma verdade revelada, vinculante e declarada formalmente pelo Magistério pastoral. Em sentido *amplo*, indica qualquer verdade de fé.

2. Os dogmas não são barreiras para o pensamento, mas, ao contrário, são corrimãos que, por um lado, protegem e, por outro, apoiam a ascensão para mais alto.

3. Nos dogmas, temos que distinguir sempre a *substância* visada (*res*: conteúdo) e a *formulação* cultural (*enuntiabile*: continente). A relação entre esses dois níveis não é nem arbitrária e nem unívoca, mas de mediação necessária e ao mesmo tempo inadequada.

4. No dogma, há o que permanece e o que muda. Permanece a *substância* visada, assim como aquela formulação que foi uma vez expressa (irreformável). Contudo, de vez que toda formulação é histórica e inadequada, há sempre a possibilidade de surgirem novas *formulações*. Essas, porém, só são legítimas quando se colocam no dinamismo significante das formulações anteriores. É nesse sentido que o dogma muda e progride: é no sentido do *crescimento* e não da transformação.

5. Para interpretar um dogma é preciso levar em conta, entre outros, os seguintes *critérios hermenêuticos*:

1) o tipo de linguagem, normalmente o comum da época;

2) o contexto histórico, frequentemente de índole polêmica;

3) e o lugar do dogma em questão na "hierarquia das verdades".

6. O dogma está finalizado na *confissão* de fé e na *pregação*, e não na mera reflexão, e menos ainda na vinculação jurídica da consciência de fé.

7. É porque o *Espírito* leva continuamente a Comunidade de fé à "verdade plena" que existe, no fim das contas, uma evolução nos dogmas. Essa evolução não se dá quanto à substância do dogma, mas sim

quanto à sua formulação. Esta pode sempre explicitar melhor aquela, segundo os tempos e os lugares.

8. Contudo, não está garantido um *evolucionismo* dogmático linear. Concedido que a Igreja nunca esqueceu ou perverteu a Mensagem essencial da salvação, a história mostra que houve *obscurecimentos* e *involuções* de aspectos mais ou menos importantes da fé.

LEITURA

S. VICENTE LERINENSE:
O desenvolvimento do dogma cristão[11]

<< Não haverá desenvolvimento algum da religião na Igreja de Cristo? Há certamente e enorme. Pois que pessoa será tão invejosa, com tanta aversão a Deus que se esforce por impedi-lo? Todavia, deverá ser um verdadeiro progresso da fé e não uma alteração. Com efeito, ao progresso pertence o crescimento de uma coisa em si mesma; à alteração, ao contrário, a mudança de uma coisa em outra.

É, portanto, necessário que, pelo passar das idades e dos séculos, cresça (*crescat igitur*) e progrida, tanto em cada um como em todos, no indivíduo como na Igreja inteira, a compreensão, a ciência, a sabedoria. Porém, apenas no próprio gênero, a saber, no mesmo dogma, no mesmo sentido e na mesma ideia (*eodem sensu eademque sententia*)[12].

Imite a religião das almas o desenvolvimento dos corpos. No decorrer dos anos, vão se estendendo e desenvolvendo suas partes e, no entanto, permanecem o que eram. Há grande diferença entre a flor da juventude e a madureza da velhice. Mas se tornam velhos aqueles mesmos que foram adolescentes. E por mais que um ser humano mude de estado e de aspecto, continuará a ter a mesma natureza, a ser a mesma pessoa.

Membros pequeninos na criancinha, grandes nos jovens, são, contudo, os mesmos. Os meninos têm o mesmo número de membros que os adultos. E se

---

11. *Commonitorium primum*, 23: PL 50, 667-668, apud *Liturgia das horas*, Ofício das leituras, quarta-feira, 27ª semana do tempo comum. Fizemos pequenas correções de estilo.

12. O texto desse célebre parágrafo foi retomado pelo Vaticano I: DS 3020.

no tempo de idade mais adiantada neles se manifestam outros, já aí se encontram em embrião. Desse modo, nada de novo existe nos velhos que não esteja latente nas crianças.

Por conseguinte, esta regra de desenvolvimento é legítima e correta. Segura e belíssima é a lei do crescimento, se a perfeição da idade completar as partes e formas sempre maiores, que a sabedoria do Criador pré-formou nos pequeninos.

Mas se uma pessoa se mudar em outra figura, estranha a seu gênero, ou se aumentar ou diminuir o número dos membros, sem dúvida alguma todo o corpo morrerá ou se tornará um monstro ou, no mínimo, se enfraquecerá. Assim também deve o dogma da religião cristã seguir essas leis de crescimento, para que os anos o consolidem, se dilate com o tempo, eleve-se com as gerações.

Nossos antepassados semearam outrora no campo da Igreja as sementes do trigo da fé. Será sumamente injusto e inconveniente que nós, os pósteros, em vez da verdade do trigo autêntico recolhamos o erro da simulada cizânia.

Bem ao contrário, é justo e coerente que, sem discrepância entre os inícios e o término, ceifemos, das desenvolvidas plantações de trigo, a messe, também de trigo, do dogma. E se algo daquelas sementes originais se desenvolver com o andar dos tempos, seja isto agora motivo de alegria e de cultivo. > >

CAPÍTULO 9

Momento II da prática teológica – construtivo

RESUMINDO

1. O momento especulativo, ou melhor, *teórico* – objeto deste capítulo – consta de três passos:

– a *análise* do conteúdo interno da fé;

– a *sistematização* desse conteúdo numa síntese orgânica;

– e a *criação*, em que se desenvolvem novas perspectivas da fé.

2. A *análise* teológica – primeiro passo da chamada "teologia especulativa" – busca explicar, ou melhor, explicitar a lógica da fé, suas raízes ou suas razões próprias. Trata-se de mostrar o porquê e o como dos mistérios que se creem.

3. A *sistematização* teológica é o passo mais importante da teorização da fé. Trata-se aí de *articular* os dados da fé num todo orgânico a partir do "nexo entre os mistérios" e em torno de uma "ideia arquitetônica". Contudo, toda síntese teológica será uma síntese aberta, por causa do Mistério "sempre maior".

4. Por fim, a *criação* – terceiro passo da especulação ou da teorização teológica – consiste em lançar novas hipóteses teológicas para avançar na compreensão da fé.

5. É preciso, porém, distinguir sempre com muito cuidado o que é doutrina comum da fé, especialmente o dogma, e o que é opinião ou *hipótese* pessoal, assim como o que é mera *tese* teológica (*theologoúmena*). E isso, sobretudo, em benefício dos "simples na fé", a fim de não confundi-los ou chocá-los.

LEITURA I

S. TOMÁS DE AQUINO:
O que vale mais em teologia: a autoridade ou a razão?[13]

<< Parece que (videtur quod) o teólogo (magister), ao resolver (determinans) as questões teológicas, deve usar mais os argumentos de autoridade que de razão.

Efetivamente, em qualquer ciência, as questões são resolvidas mediante o apelo aos primeiros princípios da respectiva ciência. Ora, os primeiros princípios da ciência teológica são os artigos da fé, que nos são manifestados através de autoridades. Logo, as questões teológicas são maximamente decididas por via de autoridade.

Contudo (sed contra), temos a afirmação da Carta a Tito: "De modo que seja capaz de exortar na sã doutrina e refutar os que a contradizem" (1,9). Ora, os contraditores são mais convenientemente refutados apelando para argumentos de razão do que de autoridade.

Respondo dizendo que todo ato deve ser executado do modo que convenha a seu fim. Ora, a discussão teológica (disputatio) pode se destinar a um duplo fim.

Um tipo de discussão se destina a tirar a dúvida sobre o conteúdo de uma verdade (an ita sit). Nesse gênero de discussão teológica deve-se usar sobretudo argumentos de autoridade. Por exemplo, se a discussão é com os judeus, é preciso trazer as autoridades do Antigo Testamento; se é com os maniqueus, que rejeitam o Antigo Testamento, é preciso usar somente as autoridades do Novo Testamento; se é, porém, com os cismáticos, que aceitam o Antigo e o Novo Testamento, mas não o ensino dos nossos Santos Padres (latinos), como os Ortodoxos (Graeci), é preciso discutir a partir das autoridades do Antigo e do Novo Testamento e dos Doutores aceitos por eles. Se, contudo, os contraditores não aceitam autoridade alguma, só resta tentar convencê-los através das razões naturais.

Outro tipo de discussão é a magistral e se passa nas escolas. Seu objetivo não é dissipar o erro, mas instruir os ouvintes para que sejam levados ao enten-

---

13. *Questiones quodlibetales*, quodlib. IV, art. 18 (3). Os sublinhados são do original.

dimento (*intellectum*) da verdade em questão. Nesse caso, é preciso apoiar-se em razões que permitam descobrir a raiz da verdade (*radicem veritatis*) e que façam saber (*facientibus scire*) como é (*quomodo sit*) verdadeiro o que se propõe na fé. Do contrário, se o teólogo decide a questão apenas com argumentos de autoridade (*nudis auctoritatibus*), o ouvinte saberá sim qual é o conteúdo da fé (*quod ita est*), mas não adquirirá nenhuma ciência ou compreensão da coisa (*nihil scientiae vel intellectus*) e irá para casa de cabeça vazia (*vacuus abscedet*).

E assim fica clara a resposta às objeções aduzidas. > >

LEITURA II

STO. AGOSTINHO:
Prece depois da especulação[14]

<< Fixando o olhar de minha atenção na regra de fé (relativa à unidade e trindade de Deus), busquei-te segundo minhas capacidades e na medida que me concedeste, e anelei ver com a inteligência o que acreditava com minha fé (*desideravi intellectu videre quod credidi*), e muito disputei e muito me afanei.

Senhor, meu Deus, minha única esperança, ouve-me para que não sucumba ao desalento e deixe de buscar-te, mas anseie sempre teu rosto com ardor (cf. Sl 104,4). Dá-me forças para a busca, tu que fizeste que te encontrasse e me deste a esperança de um conhecimento mais perfeito. Diante de ti está minha firmeza e minha fraqueza: sana esta, conserva aquela. Diante de ti está meu saber e minha ignorância: se me abres, recebe ao que entra; se me fechas a porta, abre ao que chama. Faze que me lembre sempre de ti, te compreenda, te ame. Aumenta em mim tudo isso, até que me transformes totalmente.

Sei que está escrito: "Nas muitas palavras não estás isento de pecado" (Pr 10,19). Oxalá abrisse os lábios somente para anunciar tua palavra e cantar teus louvores! Evitaria assim o pecado e adquiriria abundância de méritos, ainda que na multidão de minhas palavras. Aquele homem, amado por ti, não terá certamente aconselhado o pecado a seu verdadeiro filho na fé, quando lhe escreveu: "Prega a palavra, insiste a tempo e a contratempo" (2Tm 4,2). Por acaso se

---

14. Epílogo do tratado mais especulativo de Sto. AGOSTINHO, *A Trindade*, l. XV, cap. 28, n. 51: PL 42, 1097-1098.

poderá dizer que falou demais aquele que oportuna e inoportunamente anunciou, Senhor, tua palavra? Não, não falou demais, pois aquilo tudo era necessário.

Livra-me, Deus meu, da multidão das palavras que padeço no meu interior, em minha alma, mísera em tua presença, mas abrigada em tua misericórdia. Quando calam meus lábios, não guardam silêncio os meus pensamentos. E se somente pensasse nas coisas que são do teu agrado, não rogaria que me livrasses da abundância de minhas palavras. Mas muitos são os meus pensamentos, pensamentos humanos, e tu sabes que são vãos (cf. Sl 93,11). Dá-me que não consinta neles, mas faze-me rechaçá-los quando sentir suas carícias. Não permitas que me detenha, adormecido, em seus afagos. Jamais exerçam sobre mim seu poder nem pesem em minhas ações. Com tua proteção, esteja ao abrigo de seu influxo o meu juízo e a minha consciência.

O Sábio, falando de vós em seu livro, hoje conhecido com o nome de Eclesiástico, diz: "Muitas coisas diríamos sem nunca acabar. Seja a conclusão de nosso discurso: `Ele é tudo'" (Eclo 43,27). Quando chegarmos à tua presença, cessarão estas "muitas coisas" que agora falamos sem poder entendê-las perfeitamente, e tu permanecerás um só – tudo em todos (cf. 1Cor 15,28). E então diremos sem cessar uma coisa só, louvando-te unidos e em ti transformados, nós também, na unidade. > >

CAPÍTULO 10

Momento III da prática teológica: confronto com a vida

RESUMINDO

1. O método teológico termina na *atualização* da fé. É uma exigência da própria fé cristã, que é "por causa de nós homens e pela nossa salvação". Além disso é uma exigência do momento histórico, marcado pelo signo da práxis.

2. A práxis, ou melhor e mais largamente, a *vida* é uma realidade rica de múltiplas dimensões, que vão desde a vida interior até à vida planetária. A teologia não pode excluir nenhuma dessas dimensões.

3. Contudo, a teologia hoje, especialmente no Sul do mundo, tem que dar destaque todo particular à vida *social*, lugar privilegiado da evangélica "opção preferencial pelos pobres".

4. No âmbito da vida, a teologia deverá confrontar também fé e realidade social (material, econômica, política), sem abstrair das representações culturais incorporadas nessa realidade (filosofias, ideologias, religiões). O confronto fé-vida opera, pois, nos dois níveis, devidamente entrelaçados.

5. O terceiro momento do método teológico – a atualização da fé – possui sua lógica própria: a *lógica do agir*. Essa compreende alguns passos como:

– a determinação dos objetivos da ação;

– a proposta dos meios concretos;

– e, por fim, a decisão voltada para a ação.

LEITURA

VATICANO II:
Confronto da fé com a realidade na "Gaudium et Spes"[15]

<< 4. Para desempenhar sua missão, a Igreja, a todo momento, tem o dever de perscrutar os sinais dos tempos e interpretá-los à luz do Evangelho, de tal modo que possa responder, de maneira adaptada a cada geração, às interrogações eternas sobre o significado da vida presente e futura e de suas relações mútuas. É necessário, por conseguinte, conhecer e entender o mundo no qual vivemos, suas esperanças, suas aspirações e sua índole frequentemente dramática. (...)

11. Movido pela fé, conduzido pelo Espírito do Senhor que enche o orbe da terra, o Povo de Deus esforça-se por discernir nos acontecimentos, nas exigências e nas aspirações de nosso tempo, em que participa com os outros seres humanos, quais sejam os sinais verdadeiros da presença ou dos desígnios de Deus. A fé, com efeito, esclarece todas as coisas com luz nova. Manifesta o Plano divino sobre a vocação integral da pessoa humana. E por isso orienta a mente para soluções plenamente humanas. (...)

44. (...) Compete a todo Povo de Deus, principalmente aos pastores e teólogos, com o auxílio do Espírito Santo, auscultar, discernir e interpretar as várias linguagens do nosso tempo, e julgá-las à luz da Palavra divina, para que a Verdade revelada possa ser percebida sempre mais profundamente, melhor entendida e proposta de modo mais adequado. (...)

62. Com efeito, os estudos e as descobertas mais recentes das ciências, da história e da filosofia despertam problemas novos, que acarretam consequências também para a vida e exigem dos teólogos novas investigações. Além disso, os teólogos, observados os métodos próprios e as exigências da ciência teológica, são convidados sem cessar a descobrir a maneira mais adaptada de comunicar a doutrina às pessoas de seu tempo, porque "uma coisa é o próprio

---

15. Falando da *Gaudium et Spes*, afirma o grande historiador da Igreja Roger AUBERT: "Come vedo il Vaticano II", in *Rassegna di Teologia*, 36 (1995) 133-148: "Seu grande mérito foi de inserir pela primeira vez oficialmente na reflexão teológica toda uma série de importantes aspectos da vida dos cristãos, que até pouco tempo antes tinham sido delegados somente aos sociólogos" (p. 147).

depósito da Fé ou as verdades e outra é o modo de enunciá-las, conservando-se contudo o mesmo significado e a mesma sentença" (cf. João XXIII, *Discurso* de 11/10/1962, na abertura do Concílio: AAS 54, 1962, p. 792). Na pastoral sejam suficientemente conhecidos e usados não somente os princípios teológicos, mas também as descobertas das ciências profanas, sobretudo da psicologia e da sociologia, de tal modo que também os fiéis sejam encaminhados a uma vida de fé mais pura e amadurecida. (...) >>

CAPÍTULO 11/1

A linguagem teológica (I): Analogia como linguagem do Mistério

RESUMINDO

1. O pensamento e a experiência da fé buscam sempre sua linguagem. E embora permanecendo inadequada, a linguagem é sempre *necessária* para a fé: para completá-la dentro de nós, para exprimi-la e para comunicá-la aos outros.

2. Para falar de Deus como Mistério inefável, é impossível fazê-lo de modo absolutamente adequado (linguagem *unívoca*). Mas também nem sempre a fala sobre Deus é totalmente inadequada (linguagem *equívoca*). O caminho certo passa entre esses dois extremos e se chama: a *linguagem analógica*.

3. A posição extrema representada pelo *univocismo* supõe o *antropomorfismo* vulgar ou sua forma culta – o *superlativismo*. O antropomorfismo é a tendência espontânea de projetar em Deus, sem mais, as qualidades humanas. Já o superlativismo pretende falar de Deus apenas maximizando ao infinito os traços humanos. Mas aqui também não se leva na devida conta a ruptura de ordem ontológica que existe entre Deus e o mundo.

4. A outra posição extrema é o *equivocismo*. Esse se baseia no *agnosticismo*, o qual não acredita na possibilidade de dizer algo de verdadeiro sobre o Mistério, por não ver nenhum laço que nos ligue a Ele. Esse defeito é, contudo, menos grave que o antropomorfismo, porque realmente do Mistério mais ignoramos que sabemos.

5. O teólogo deve estar extremamente vigilante para não *reificar* inconscientemente sua linguagem, tomando-a como representação

adequada das realidades divinas. A tendência a fetichizar ou objetificar a linguagem na teologia é muito forte, de modo que, para resistir a ela, convém usar uma boa dose de um sadio agnosticismo.

6. A linguagem analógica é a linguagem da *comparação*. Por uma parte diz algo de verdadeiro sobre Deus, mas por outra di-lo de modo inadequado. A analogia teológica não possui só uma função didática, mas também e sobretudo epistemológica: ser caminho de Verdade.

7. A analogia não dá logicamente do Mistério uma luz de meio-dia, mas uma luz de aurora ou *antelucana*. Mas essa luz é superior à primeira, por ser de ordem ou gênero superior.

8. Importa levar em conta que na analogia a parte de *dessemelhança* é sempre maior que a de semelhança. E a razão é simples: o "Deus sempre maior".

9. A linguagem analógica é habitada por um *dinamismo* "extático", ou autotranscendente, que nos lança na direção da Realidade infinita, enquanto intuída pela experiência, para além das palavras.

LEITURA I

S. TOMÁS DE AQUINO:
Analogia: caminho para conhecer o Mistério[16]

<< Para quem reflete, torna-se claro que as realidades sensíveis em si mesmas, que fornecem à razão humana a fonte do conhecimento, conservam nelas um certo vestígio de semelhança com Deus, embora se trate de um vestígio tão imperfeito que é incapaz de exprimir a substância de Deus.

Todo efeito possui, a seu modo, uma certa semelhança com a sua causa, embora o efeito nem sempre atinja a semelhança perfeita com a causa agente. No que concerne ao conhecimento da verdade de fé – verdade que só conhecem

---

16. *Summa Contra Gentiles*, 1. I, cap. 8: trad. bras. da Col. Os Pensadores, Abril Cultural, São Paulo, 1979, 2ª ed., p. 67. Notar que as noções de "semelhanças" e "verossimilhanças" do texto correspondem à ideia de "analogia".

à perfeição os que veem a substância divina –, a razão humana se comporta de tal maneira que é capaz de recolher a seu favor certas verossimilhanças.

Indubitavelmente, estas não são suficientes para fazer-nos apreender esta verdade de maneira por assim dizer demonstrativa, ou como por si mesma. Todavia, é útil que o espírito humano se exercite em tais razões, por mais fracas que sejam, desde que não imagine que as possa compreender ou demonstrar. Com efeito, na área das realidades mais elevadas, já constitui uma alegria muito grande o fato de se poder apreender algo, embora com humildade e com fraqueza. O que acabamos de expor é confirmado pela autoridade de Sto. Hilário, que em seu livro *Sobre a Trindade*, falando da verdade, assim se expressa:

> "Em tua fé, empreende, progride, esforça-te. Sem dúvida, jamais chegarás ao termo, eu o sei, mas felicito-te pelo teu progresso. Quem persegue com fervor o Infinito avança sempre, mesmo se por acaso não chega ao fim. Todavia, acautela-te ante a pretensão de penetrar o Mistério, ante o risco de te afundares no segredo de uma natureza que te possa parecer sem limites, imaginando que estás compreendendo tudo. Procura entender que esta Verdade ultrapassa toda e qualquer compreensão" (l. II, c. 10-11). >>

LEITURA II

MAURÍLIO TEIXEIRA-LEITE PENIDO:
Grandezas da analogia metafórica[17]

<< A analogia (metafórica)... substitui e, em certo sentido, reabilita o antropomorfismo, dando-lhe valor preciso... A legitimidade da metáfora refulge a

---

17. In M.T.-L. PENIDO, *A função da analogia em teologia dogmática*, Vozes, Petrópolis, 1946, p. 102-104. Pe. Penido (1895-1970) foi um dos primeiros teólogos brasileiros a se tornar mundialmente conhecido, justamente graças à obra acima, hoje clássica na questão, e que apresentara como tese de doutorado em 1921 na Univ. de Friburgo (Suíça). Penido se formou, desde menino, na Europa, onde se tornou aluno de Bergson, assim como amigo de Journet e de Maritain. Em 1938 voltou ao Brasil a convite de Alceu A. Lima, então Reitor da Univ. Federal, tornando-se aí por 20 anos professor de filosofia. Lecionou também, desde 1954, teologia dogmática no Seminário Arquidiocesano do Rio de Janeiro. Para mais informações cf. Dom Odilão MOURA, OSB, *Padre Penido*. Vida e pensamento, Vozes, Petrópolis, 1995.

todos os olhos... Se "a Escritura fala a linguagem dos homens", é porque adapta-
-se, de modo divino, à nossa psicologia. Qual avó carinhosa balbucia com seus
netinhos, e com eles soletra as primeiras letras, a Bíblia ornamentou o Altíssimo
com a longa série de nossas pseudoperfeições e teceu, em torno do Onipotente,
o véu multicor das Metáforas (cf. Agostinho, *De Trin.*, I, 1, 2). E como a avó ainda
narra histórias de fadas, Moisés e os profetas desenrolam prazenteiramente, aos
nossos olhos, os gestos de um fabuloso monarca oriental. Descrevem Deus
como se tivesse um corpo, porém maior e mais resplendente que o nosso e cuja
matéria não fosse sangue e carne. Ele desce, sobe, caminha e para; levanta-se,
assenta-se, vai e volta. Evidentemente, ele vê e ouve; do contrário, como nos
conheceria? Por vezes, inclina-se benévolo, outras vezes, mostra-se cioso e se
encoleriza contra nós.

Assim, os "simples, que logram suspeitar apenas o que ultrapassa a sensibilidade" (S. Tomás, *I Sent.* d. 34, q. 3, a. 2), encontram alimento religioso. Deus
deixa então de ser uma abstração para se tornar uma realidade infinitamente viva.
Haverá algo de menos humano do que a religião dos deístas? S. Tomás obser-
vava, contra certos heresiarcas que negavam a legitimidade do culto externo:
"Esqueceram eles de que são homens, pois não julgam ser as representações
sensíveis indispensáveis para despertar pensamentos e afetos espirituais" (*Contra Gentes* III, 119).

Como necessitamos todos de imagens para nutrir o sentimento e estimular
a inteligência, quanto mais fortes forem elas mais vigoroso será nosso pensamento (*ST* I-II, q. 74, a. 4, ad 3), mais resolutos nossos atos de vontade. As
matemáticas não dispõem para o martírio e tampouco as quintessências filosóficas. Uma vez bem garantida a transcendência divina, nada mais legítimo do que
ornar com belas imagens as nossas abstrações (cf. Gardeil, *Le donne révélé*, p.
135s). (...) "Falar por metáforas não é mentir, pois não visamos deter o espírito
nas realidades mesmas que nomeamos, senão levá-lo a realidades semelhantes
àquelas" (S. Tomás, *I Sent.* d. 16, q. 1, a. 3, ad 3). >>

CAPÍTULO 11/2

A linguagem teológica (II):
Espécies e vias da analogia

RESUMINDO

1. Há duas espécies de analogia: a *conceitual* e a *metafórica*. A primeira é abstrata e a segunda concreta. A conceitual, embora fale de atributos *próprios* de Deus (predicados de sábio, perfeito, etc.), é também e sempre inadequada em relação ao *modo* de atribuir a Deus aqueles atributos (predicação).

2. As metáforas ou símbolos em teologia são o caminho mais direto e a via *privilegiada* para evocar os mistérios, fazê-los presentes, embora não tenham valência argumentativa. É a linguagem preferida pela Bíblia e a mais acessível ao Povo em geral, por isso também a mais recomendável do ponto de vista da pastoral.

3. É preciso *articular* os dois tipos de linguagem: a conceitual, que tem um particular poder científico (crítico e provante); e a simbólica, que tem de próprio comover o coração, promover a conversão e mover à ação.

4. Para *interpretar* as metáforas, especialmente as primárias (bíblicas), deve-se levar bem em conta os seguintes elementos:

– a "ponta" da metáfora;

– seu subsolo antropológico;

– seu contexto cultural, especialmente o bíblico.

5. Há três vias ou articulações da linguagem analógico-teológica:

– a via da *afirmação*;

– a via da *remoção*;

– a via da *eminência*.

6. A via da *remoção* é a mais importante de todas, pois se acorda melhor com a natureza do Mistério divino, de quem mais ignoramos do que sabemos.

7. Poderíamos acrescentar uma quarta via, que representa, na teologia, a "via de saída" da linguagem e que dá acesso ao *silêncio* adorante e amoroso (teologia apofática), e à solidariedade efetiva com os oprimidos e com o silêncio que lhes é imposto. Nestes dois momentos o teólogo deve calar: para a adoração e para o agapé.

LEITURA

S. BOAVENTURA:
A mística: saída da teologia[18]

<< 1. (...) Agora resta à nossa alma transcender e passar... não apenas além deste mundo sensível, mas também além de si mesma. Nesta passagem, Cristo é o caminho e a porta. Cristo é a escada e o veículo, o "propiciatório colocado sobre a arca de Deus" (cf. Ex 26,34) e o "mistério desde sempre escondido" (Ef 3,9).

2. Quem olha para este propiciatório, com o rosto totalmente voltado para ele, contemplando-o suspenso na cruz, com fé, esperança e caridade, com devoção, admiração e alegria, com veneração, louvor e júbilo, realiza com ele a "páscoa", isto é, a passagem. E assim, por meio do lenho da cruz, atravessa o Mar Vermelho, saindo do Egito e entrando no deserto, onde saboreia o maná escondido. Descansa também no túmulo com Cristo, parecendo exteriormente morto, mas experimentando, tanto quanto é possível à sua condição de peregrino, aquilo que foi dito pelo próprio Cristo ao ladrão que o reconhecera: "Ainda hoje estarás comigo no Paraíso" (Lc 23,43). (...)

---

18. *Itinerário da mente para Deus* (1259), VII, 1.2.4-6: *Obras de San Boaventura*, BAC, Católica, Madri, 1945, t. 1. Trata-se do último capítulo, que tem por título: "Sobre o êxtase (*excessu*) mental e místico no qual a inteligência encontra repouso e o afeto passa inteiramente em êxtase para Deus". Seguimos, com poucas modificações e alguns complementos, a tradução da 2ª leitura da festa de S. Boaventura (15 de julho) da *Liturgia das horas*, usando como confronto a tradução da ed. bras. preparada por Jerônimo Jerkovic: *Itinerário do Cosmo ao Ômega*, Vozes, Petrópolis, 1968, p. 105-109.

4. Nesta passagem, se for perfeita, é preciso deixar todas as operações intelectuais e que o ápice de todo o afeto (*apex affectus*) seja transferido e transformado em Deus. Estamos diante de uma realidade mística e profundíssima: ninguém a conhece, a não ser quem a recebe; ninguém a recebe, se não a deseja; nem a deseja, se não for inflamado, até à medula, pelo fogo do Espírito Santo, que Cristo enviou ao mundo. Por isso, o Apóstolo diz que essa sabedoria mística é revelada pelo Espírito Santo (cf. 1Cor 2,13).

5. Já que, para obter esta passagem das criaturas a Deus, nada pode a natureza e pouco o esforço humano:

– é preciso dar pouca importância à indagação e muita à unção;

– pouca à língua e muita à alegria interior;

– pouca à palavra e aos livros e muita ao dom de Deus, isto é, ao Espírito Santo;

– pouca ou nada à criatura e toda à essência criadora, o Pai, o Filho e o Espírito Santo. (...)

6. Se agora queres saber como isso acontece:

– interroga a graça, não a ciência;

– o desejo, não a inteligência;

– o gemido da oração, não o estudo dos livros;

– o Esposo, não o mestre;

– Deus, não o ser humano;

– a escuridão, não a claridade.

Não interrogues a luz, mas o fogo, que tudo inflama e transfere para Deus, com unções suavíssimas e afetos ardentíssimos. Esse fogo é Deus; a "sua fornalha está em Jerusalém" (Is 31,9). Cristo acendeu-a no calor da sua ardentíssima paixão. Verdadeiramente, só pode suportá-la quem diz: "Minha alma prefere ser sufocada, e meus ossos a morte" (cf. Jó 7,15). Quem ama esta morte pode ver a Deus, porque, sem dúvida alguma, é verdade: "O homem não pode ver-me e viver" (Ex 33,20).

Morramos, pois, e entremos na escuridão. Imponhamos silêncio às preocupações, paixões e fantasias. Com Cristo crucificado, passemos "deste mundo para o Pai" (Jo 13,1), a fim de podermos dizer com o apóstolo Filipe, quando o

Pai se manifestar a nós: "Isso nos basta" (Jo 14,8); e exultar com Davi, exclamando; "Mesmo que o corpo e o coração vão se gastando, Deus é minha parte e minha herança para sempre!" (Sl 72,26). "Bendito seja Deus para sempre! E que todo o povo diga: Amém! Amém!" (Sl 105,48). >>

Seção III

ARTICULAÇÕES

CAPÍTULO 12

A relação da teologia com a filosofia e as demais ciências

RESUMINDO

1. A teologia representa o saber mais elevado, a ciência soberana, a sabedoria absoluta. Sua *excelência* provém do fato de que considera a Realidade absoluta que é Deus, objeto máximo do pensar humano e objetivo derradeiro do mundo.

2. O lugar da teologia entre as ciências, e por consequência na "casa das ciências", a Universidade, *se justifica* por isto: o ser parcial, que cada ciência tematiza, remete finalmente a um Fundamento e Sentido absoluto. Assim, toda ciência do condicional permanece aberta à ciência do Incondicional. Por sua parte, a teologia está aberta às demais ciências, pois precisa delas para se constituir como discurso concreto.

3. Para realizar sua tarefa, a inteligência da fé, a teologia, lança mão dos vários recursos do saber humano. Todas as ciências são consideradas por ela como instrumentos, ou melhor, como *mediações* (os medievais falavam em "servas") no sentido de compreender mais plenamente as realidades da fé.

4. A relação da teologia com as ciências não é de tipo ditatorial, mas *democrático*. Ou seja, a teologia serve-se dos recursos das ciências, respeitando sempre sua autonomia específica, mas também reservando-se o direito, que lhe dá a transcendência da fé sobre toda forma de razão, de criticar as pretensões pseudofilosóficas ou pseudoteológicas da chamada "razão moderna".

5. Como efeito de retorno, a razão da fé, isto é, a teologia, também recebe dos outros saberes uma válida *contribuição crítica*: eles ajudam a purificar, aprofundar e provocar a razão teológica.

6. A teologia utiliza a filosofia e as ciências seguindo dois critérios básicos:

1) *assunção* do que é positivo, a saber: os elementos bons e verdadeiros, enfim, tudo o que se compatibiliza com a fé;

2) *rejeição* do que é negativo, ou seja: tudo o que é mau, falso, e que não pode se harmonizar com o conteúdo da fé revelada.

7. As duas *mediações teóricas* a que recorre a teologia são a mediação filosófica e a mediação das ciências.

8. Enquanto resposta humana à proposta divina, a fé pressupõe sempre uma filosofia, como *postura existencial* de buscar o sentido radical à vida. Nesse sentido, a filosofia é *intrínseca* à fé e tem um lugar *estrutural* na teologia.

9. A teologia não precisa necessariamente incorporar uma filosofia enquanto este ou aquele *sistema*, especialmente hoje em que a filosofia se encontra numa situação de grande pluralismo e de extrema fragmentação. Mas precisa, sim, de um *espírito* ou *postura* filosófica realmente assumida e vigorosa.

10. A função geral da filosofia na teologia é refletir o *fundo ontológico* dos conceitos teológicos. Como a graça supõe a natureza, assim a razão teológica supõe o trabalho da razão filosófica.

11. Em particular, a filosofia, enquanto atitude, serve à teologia:

1) como parceira exigente do *diálogo* cultural;

2) para adquirir a *arte de pensar*;

3) para elaborar criticamente o *fundo filosófico* implicado nas questões da teologia.

12. As ciências interessam grandemente à teologia hoje a título de *mediação cultural*. Particularmente *urgente* é o uso das *ciências sociais* pelo fato de a teologia hoje ter de se enfrentar com o drama da miséria das massas. Em função disso, talvez se possa dizer que as

ciências sociais constituem hoje o interlocutor *privilegiado*, embora não exclusivo, da teologia. De todos os modos, em sua respectiva diferença, a razão filosófica e a razão científica constituem mediações reciprocamente *complementares* e, por isso, devem ser articuladas conjuntamente no seio do discurso da fé.

13. A mediação das ciências em teologia, particularmente das ciências sociais, não substitui a mediação filosófica, tanto mais que as *ciências modernas* secretam uma determinada visão de mundo, com a qual a teologia terá que dialogar, armada para tanto de um rigoroso preparo filosófico-crítico.

LEITURA I

STO. AGOSTINHO:
O uso legítimo dos "despojos dos egípcios"[19]

<< As coisas verdadeiras e compatíveis com a fé, que eventualmente tiverem dito os chamados filósofos, especialmente os platônicos, não só não devem ser temidas, mas antes devem ser deles reivindicadas como de proprietários ilegítimos (*injustis possessoribus*), e colocadas ao nosso próprio uso.

Assim, pois, os egípcios não possuíam somente ídolos e fardos pesados, que o povo de Israel detestava e repelia, mas tinham também vasos, ornamentos de ouro e prata, assim como vestes, que o mesmo povo, saindo do Egito, sorrateiramente reivindicou e pôs a serviço de um uso melhor...

Desse modo, as doutrinas dos povos não contêm somente criações falsas e supersticiosas e as cargas pesadas de um trabalho excessivo, que cada um de nós, saindo da sociedade dos gentios sob a conduta de Cristo, deve abominar e abandonar. Comportam também ciências liberais, aptas para o uso da

---

19. Sto. AGOSTINHO, *A doutrina cristã*, II, 40, 60: PL 43, 63; BAC, n. 168, in *Obras de San Augustín*, t. XV, Católica, Madri, 1957, p. 186/187-188/189. A tradução é própria. Há também uma trad. brasileira, feita por Nair de Assis Oliveira: *A doutrina cristã*. Manual de exegese e formação cristã, Paulinas, São Paulo, 1991, p. 149-150. Digamos que o texto acima revela uma atitude confiante frente à cultura em geral; daí o título que lhe demos: "O uso legítimo...".

verdade, preceitos éticos utilíssimos, e até certas verdades a respeito do culto do Deus único.

Tais bens, representados pelo ouro e prata dos gentios, bens que eles mesmos não criaram, mas tiraram – digamos – desses metais que a Providência divina difundiu por toda a parte, mas de que eles abusaram de modo perverso e injurioso, pondo-os a serviço dos demônios, tais bens – digo – deve o cristão arrebatar aos gentios, do momento que se separa interiormente de sua companhia, e deve legitimamente usar em favor da pregação do Evangelho.

Igualmente suas vestes, isto é, as instituições humanas, na medida em que se adequam à convivência social, de que não podemos prescindir nesta vida, será lícito assumi-las e possuí-las, depois de convertidas ao uso cristão. >>

LEITURA II

GREGÓRIO IX:
O abuso da razão filosófica na teologia[20]

<< (...) Também o intelecto teológico está em condições, como que um homem, de presidir a qualquer faculdade e, como que um espírito, de exercer o domínio sobre a carne e dirigi-la na via da retidão, a fim de que não se desvie. (...)

Em verdade, Nós, tocados de dor no íntimo do coração (cf. Gn 6,6), estamos repletos da amargura do absinto (cf. Lm 3,15), porque... alguns de vós..., impelidos pelas novidades profanas, se esforçam por ultrapassar "os confins postos pelos Pais" (cf. Pr 22,28). De fato, o entendimento da celeste Página foi delimitado pelos cuidados dos santos Padres através dos seguros confins de suas exposições. Ora, transgredi-los não só é coisa temerária, mas profana. Esses, porém, entendem dobrar tal entendimento ao saber filosófico das coisas naturais, e isso para ostentar saber e não para o progresso dos ouvintes. E, assim, se mostram não expertos de Deus ou teólogos (*theodocti seu theologi*), mas difamadores de Deus (*theophanti*).

---

20. *Carta aos teólogos de Paris* (07/07/1228): DS 824. O contexto é o uso incipiente da filosofia aristotélica na teologia. Este texto se mostra desconfiado frente ao saber humano; donde o título que lhe pusemos: "O abuso da razão filosófica..."

Efetivamente, seria seu dever expor a teologia em conformidade com as tradições aprovadas pelos Santos, e isso não mediante as armas carnais, mas "mediante as armas poderosas em Deus, capazes de destruir toda altivez que se levanta contra a ciência de Deus e de reduzir, prisioneira, toda inteligência à obediência de Cristo" (2Cor 10,4-5). Em vez disso, eles, levados por doutrinas várias e peregrinas (cf. Hb 13,9), trocam a cabeça pela cauda (cf. Dt 28,13.44) e obrigam a rainha a servir à serva, isto é, colocam o que é celeste a serviço das doutrinas terrestres, atribuindo à natureza o que pertence à graça.

Em verdade, insistindo, mais que o devido, na ciência das coisas naturais, eles retornam aos débeis e miseráveis elementos do mundo..., pondo-se novamente a seu serviço (cf. Gl 4,9). Como fracos em Cristo, nutrem-se "de leite e não de alimento sólido" (Hb 5,12), e nem parece que têm o coração firmado na graça (cf. Hb 13,9). Por isso, "despojados das realidades da graça e feridos em suas faculdades naturais" (Lombardo, *Sent. II* d. 25, c. 7), não trazem à memória a sentença do Apóstolo...: "Evita as profanas novidades dos discursos e as opiniões de uma pseudociência, por cujo desejo alguns se desviaram da fé" (1Tm 6,20-21). (...)

E enquanto procuram, para além da medida, reforçar a fé com a razão natural, não a tornam, por acaso, de certa maneira, inútil e inconsistente? Pois "a fé não tem valor nenhum quando a razão humana fornece a prova" (Gregório Magno, *In Ev. Hom.*, l. II, hom. 26, n. 1: PL 76, 1197C). Finalmente, a natureza crê nas coisas que se compreendem (*intellecta*), mas a fé compreende por sua própria força as coisas cridas em virtude de uma percepção gratuita (*gratuita intelligentia*), ela que, audaz e persistente, penetra o que o intelecto natural não pode alcançar. > >

CAPÍTULO 13

Teologia: para quê?

RESUMINDO

1. A vida é elemento integrante da teologia. Como? De três maneiras:

— como *origem* concreta de conhecimento teológico. De fato, a experiência espiritual e a prática de fé são fonte para a teologia;

— como *polo teórico* da reflexão teológica. Efetivamente, a vida entra na teologia, quer como matéria-prima, quer como indicações para agir;

— enfim, como *finalidade* da prática teológica.

2. No conceito "vida" podemos distinguir vários níveis, como:

— o *estrutural*: é a vida social, histórica, política;

— o *cotidiano*: é a vida das relações interpessoais;

— o *interior*: é a vida subjetiva, seja emocional, seja espiritual.

3. "Práxis", como noção "moderna", adotada em parte pela Teologia da Libertação, designa essencialmente o primeiro nível de "vida" indicado acima: a vida social. Corresponde a uma ação dotada das seguintes qualificações:

— *subjetiva*: nasce de um propósito ou projeto;

— *objetiva*: possui um efeito externo;

— *coletiva*: é portada por sujeitos sociais;

— *transformadora*: muda as estruturas.

4. A teologia existe *direta e imediatamente* em função do *conhecimento* de Deus. Ela quer saber, de imediato, a verdade sobre Mistério.

Sem respeitar esse primeiro momento, cai-se na funcionalização da teologia e da fé, e na miopia do ativismo.

5. *Indireta e mediatamente*, a teologia existe para *amar e servir* a Deus. Sua finalidade decisiva é: *praticar* a vontade de Deus. E esse deve ser também o primeiro objetivo intencional, o *primum intentionis*, de todo teólogo cristão.

6. Como tudo em nossa vida, a teologia visa ultimissimamente o *gozo* de Deus no Reino consumado. Em outras palavras, a teologia se destina *fine finaliter* à felicidade absoluta, a qual encontra certa antecipação no "prazer de fazer teologia".

7. A teologia é necessária:

1) para a *Igreja em seu conjunto*, a fim de se desincumbir a contento de sua missão evangelizadora frente às exigências da racionalidade moderna e pós-moderna;

2) para *alguns cristãos* individualmente, que encontram aí sua vocação de serviço e também sua autorrealização;

3) para a *sociedade*:

– *em nível absoluto*, pois esta se acha sempre às voltas com as "questões eternas", as relativas ao sentido da vida;

– para a *sociedade moderna e pós-moderna*, na medida em que esta sempre necessita do discernimento superior da Fé, enquanto teologicamente elaborado;

– para as *sociedades periféricas*, enquanto estas precisam, religiosa e culturalmente, da tematização libertadora da fé para poderem viver eficazmente esta fé em seu contexto de opressão e se libertarem na perspectiva do Evangelho.

8. A teologia deve estar *a serviço da Vida espiritual*. E isso prestando os seguintes serviços particulares:

– discernir a experiência espiritual;

– introduzir mistagogicamente à mesma experiência;

– ceder o passo à devoção e à mística, para além do *logos*.

9. A teologia é também *serviço à Pastoral*. É um serviço "arquitetônico", pois visa a construção do Corpo de Cristo em seu conjunto. Eis algumas implicações metodológicas para a teologia assim concebida:

- toda teologia deve ter assumidamente uma dimensão pastoral ou orientação evangelizadora;

- algumas disciplinas teológicas devem privilegiar temática e sistematicamente a função pastoral;

- é conveniente que o ciclo básico de teologia privilegie, em sua globalidade, uma orientação explicitamente pastoral, ou seja, que administre efetivamente uma teologia-para-pastores.

LEITURA I

BEATO JOÃO DUNS SCOTUS:
"A teologia enquanto ciência prática"[21]

<< Diz a Carta aos Romanos: "O fim da lei é o amor" (13,10).

Igualmente Mateus: "Nesses dois mandamentos (isto é, do amor) consiste toda a lei e os profetas" (22,40).

Do mesmo modo Agostinho: "Aquele que possui o amor nos costumes, possui o que é latente e o que patente nas palavras divinas" (*Sermo 350, De caritate* II n. 2: PL 39, 1534).

Estas autoridades provam que esta ciência não existe precisamente para teorizar, pois a ciência teórica nada busca além da teoria, como diz Avicena no comentário da *Metafísica* (de Aristóteles) (I, c. 1, 70ra).

Pergunta-se se a teologia, como ciência prática por si mesma, o é em função da práxis enquanto seu fim. (...)[22].

---

21. *Ordinatio. Prologus*, pars 5, q. 1-2: *Opera Omnia*, Studio et Cura Commissionis Scotisticae, Typis polyglottis Vaticanis, Cidade do Vaticano, 1950, t. I, p. 151-226. A tradução é nossa. Referimos nas notas seguintes os trechos citados dessas duas "questões".

22. *Ordinatio. Prologus*, pars 5, q. 1: *Opera Omnia, op. cit.*, p. 151-153.

Para isso é preciso antes examinar o que é a práxis. Digo, em primeiro lugar, que práxis, à qual o conhecimento prático se estende, é:

- o ato de uma outra faculdade que o intelecto;
- naturalmente posterior ao intelecto;
- e que é naturalmente feito conforme à intelecção reta, de modo que possa ser um ato reto.

A primeira condição (ser não um ato do intelecto) é clara, pois, ficando apenas nos atos intelectuais, não há extensão alguma da inteligência, porque esta não se estende para fora, a não ser no caso em que seu ato se relacione ao ato de uma outra faculdade.

Se se diz que um ato do intelecto se estende a um outro, dirigido por ele, nem por isso o segundo ato é práxis, como falamos aqui, nem o primeiro é conhecimento prático, pois então a lógica seria prática pelo fato de dirigir os atos do discurso.

A segunda condição (práxis como naturalmente posterior ao intelecto) é evidente, pois os atos que não estão ordenados ao intelecto, como os atos vegetativos, e os atos que naturalmente precedem o intelecto, como os sensitivos, não se denominam práxis (*praxes*), nem a eles se estende o saber prático, enquanto são anteriores à intelecção. Igualmente o ato da faculdade do apetite sensitivo enquanto precede o ato do intelecto não é práxis. Por isso mesmo tal ato é comum a nós e aos bichos. E nem a respeito desses atos existe algum conhecimento prático, a não ser porque de algum modo modera esses atos e estes seguem a intelecção moderadora para serem moderados por ela.

Dessas duas condições segue-se o corolário seguinte: a práxis, a que se estende o hábito prático, nada mais é que o ato da vontade elícito (direto) ou imperado (indireto). (...) Apesar de a especulação ser uma espécie de operação e assim práxis, no sentido amplo, entretanto, de vez que práxis se diz apenas da operação à qual o intelecto se estende, nenhuma intelecção é práxis. E, desse modo, tem-se práxis quando se diz que o conhecimento prático se estende à práxis. (...)

A terceira condição (ser feito conforme à intelecção reta) se prova dizendo que a eleição reta requer necessariamente uma razão reta, como diz Aristóteles na *Ética a Nicômaco* (l. VI, c. 2, 1139a 22-25). (...)

Das duas últimas condições, segue-se que o ato imperado (mediado) da vontade não é práxis em primeiro lugar, mas como que por acidente. Pois não vem em primeiro lugar logo depois da intelecção e nem é a primeira coisa a se conformar naturalmente à reta razão. É preciso, portanto, que algum outro ato seja práxis por primeiro. Ora, tal ato só pode ser a volição, pois por ela tem o ato imperado as referidas condições. Portanto, a primeira razão da práxis consiste no ato elícito (imediato) da vontade. (...) O ato da vontade, e só ele, é práxis. (...) O ato da vontade... é verdadeiramente práxis... E o é também quando só, sem o ato imperado...[23]. (...) Amar e desejar o objeto conhecido é verdadeira práxis[24]. (...)

Digo que a fé não é um hábito teórico (especulativo), nem crer é um ato teórico, nem a visão que segue à fé é teórica, mas prática. (...)[25]. > >

LEITURA II

KARL BARTH:
Trabalho teológico é serviço[26]

<< ... Precisamos constatar, em primeiro lugar, que o trabalho teológico não poderá ser realizado em função de si mesmo, qual "arte por amor à arte". Quem seriamente se ocupa com teologia bem sabe que tal tentação específica espreita por todos os lados e nunca deixa de ser grave. Teologia, especialmente em sua modalidade de dogmática, é ciência caracterizada por estranho fascínio, já que irresistivelmente clama por arquitetônica intelectual e, portanto, por beleza. (....) (Teologia) é um empreendimento cuja execução poderá fazer-nos esquecer com muita facilidade a pergunta: "Para que serve tudo isso?"

Tal pergunta, porém, pode ser legitimamente adiada ou posta à margem. Pois é impossível um estudo no qual, a cada passo, se pergunta com impaciência: "Para que fim me servirá isto ou aquilo? O que é que vou fazer com tal assunto? Em que sentido vai me ajudar na Comunidade e no mundo?" Quem

---

23. *Ordinatio, Prologus,* pars 5, q. 2: *Opera Omnia, op. cit.,* p. 155-160.

24. *Op. cit.,* p. 197.

25. *Op. cit.,* p. 225-226.

26. *Introdução à teologia evangélica,* Sinodal, São Leopoldo, 1977, p. 144-149: XVI preleção. Fizemos pequenas modificações de estilo para tornar o texto mais correto e mais claro.

constantemente tiver tais perguntas no coração (e nos lábios); quem nunca se deixar mover seriamente pelos problemas teológicos como tais; quem cuidar de se ocupar com eles apenas para depois poder ocupar qualquer função, recorrendo a soluções quaisquer, encontradas no estudo; – tal indivíduo não será teólogo que se poderá tomar a sério, nem em sua oração, nem em seu estudo; e ele mais tarde, por certo, não terá a dizer às pessoas nada de correto e menos ainda de essencial. Isso só o conseguirá quem, de princípio, se dedicar ao esforço de obter conhecimentos essenciais, sem olhar de esguelha para esta ou aquela aplicação prática. Portanto, dito de passagem, será contraindicado e poderia até ser perigoso se o neófito teológico, em vez de dedicar-se de modo concentrado ao estudo, durante os poucos anos que passa na Universidade, anos que não voltam mais, atira-se com inquietude em um sem-número de atividades cristãs; ou se até, como é uso em certos países, já vier a ser parcialmente investido de um ministério eclesiástico. Tal reserva, contudo, em nada modifica o fato de que servir a Deus e à humanidade é o sentido, o horizonte e o *telos* do trabalho teológico, que, desta forma, não será nenhuma *gnosis* a pairar no espaço, a servir unicamente ao prazer intelectual e estético do teólogo. (...)

Ademais, já que a teologia se acha encarregada de servir – de servir a Deus, em Sua Palavra, como ao Senhor do mundo e da Comunidade, e de assim servir à humanidade amada por Deus, tocada por Sua Palavra – ela não poderá ter ideia nenhuma de dominar, nem em relação a Deus, nem em relação às pessoas. Por ser chamada a servir, à teologia convém a modéstia. Mas a modéstia não exclui, antes requer, que o trabalho teológico seja feito com a tranquila consciência do seu valor. Em nenhuma parte está escrito que a estirpe dos teólogos deva entrar na longa fila dos répteis. Se o teólogo não se envergonhar do Evangelho, não precisará pedir desculpas a ninguém pela sua existência, nem precisará justificar seu trabalho pelo estabelecimento de qualquer fundamento ontológico ou por outros artifícios apologéticos e didáticos. Não o fará nem frente ao mundo e nem frente à Comunidade. O trabalho teológico, justamente por ser serviço, precisa ser feito de cabeça erguida. Se não for assim, antes que não seja feito de todo!

Mas tampouco o trabalho teológico poderá ser realizado por quem nutra o intuito de bancar o sabe-tudo, de tocar o primeiro violino, de ser o primeiro. (...) Os teólogos contam com a possibilidade de, a cada momento, suceder que qualquer pessoa modesta, a famosa "velhinha" na Comunidade ou mesmo um estranho esquisito, venha a demonstrar mais sabedoria, em questões essenciais e de importância básica, do que eles, os teólogos, com todo o seu cabedal científico, distribuído nas mais diversas disciplinas. Contam com a possibilidade de que poderão ver-se obrigados a aprenderem dessas pessoas, em vez de lhes ensinarem. Entrementes, orando e estudando, farão o melhor que puderem. Agirão de cabeça erguida, corajosos, sabendo bem que lhes é lícito serem felizes em seu trabalho, justamente por lhes ser permitido realizarem o seu labor na liberdade específica que lhes foi dada e na honra específica que compete a "diáconos", aos quais esta diaconia, modesta como todas as demais, tem sido confiada: a diaconia de sua pobre ciência teológica.

O seu serviço específico... como "serviço prestado à Palavra de Deus", será mais adequadamente descrito assim: a teologia, frente à pregação, à catequese e à pastoral..., deverá levantar a pergunta pela verdade, para assim ajudar a Comunidade a encontrar os esclarecimentos específicos de que necessita. Não está em seu poder, nem é sua tarefa manifestar a própria Palavra de Deus. Será levada, no entanto, a prestar assistência à pregação da Igreja, na medida em que essa pregação é um "testemunho de segundo grau", para que ela seja um espelho mais puro da Palavra de Deus, para que produza um eco mais claro. Tal testemunho em nenhuma parte será tão perfeito que venha a ser supérfluo e desnecessário confrontá-lo, mediante a teologia, com a pergunta pela verdade. >>

CAPÍTULO 14/1

Teologia, Igreja e Magistério (I):
Os vários magistérios na Igreja

RESUMINDO

1. A teologia não é uma atividade puramente privada, mas uma atividade essencialmente eclesial: a Igreja é o sujeito primário e o espaço vital de exercício da teologia. Isso porque o objeto da teologia, a fé revelada, é uma realidade confiada a todo o Povo de Deus, sendo que só por ele se tem acesso a essa realidade. Contudo, a vinculação à fé da Igreja não tolhe a devida atenção para com outras confissões e religiões, porque é a própria fé cristã que busca dialogar com elas, com vistas a aprender e também a ensinar.

2. O primeiro e máximo magistério é o da *Palavra* de Deus. Depois, vem o magistério do *Povo* de Deus como um todo e por fim vem o magistério dos *Pastores*, no qual está incluído o do Sumo *Pontífice* (os 4 "p"s do magistério: Palavra, Povo, Pastores e Pontífice).

3. A Igreja-toda-magisterial exerce seu *magistério comum* pelo testemunho que ela dá da verdade do Evangelho através do conjunto de sua vida, seja face ao mundo, seja dentro da própria Igreja. É, portanto, todo o Povo de Deus que ensina a Verdade salvadora, ou, em outras palavras, que evangeliza.

4. A fé, além de ser vivida na realidade, deve ser conservada em sua *verdade*, como testemunha o Novo Testamento e as lutas da Igreja na história contra as heresias. Porém, o cuidado pela verdade da fé é responsabilidade do Povo de Deus como um todo.

5. O magistério comum se funda no *sensus fidelium*, pelo qual a Igreja como um todo adere infalivelmente à Verdade da fé. Todavia, para ser autêntico, o "senso de fé" deve ser:

— testemunhado pela universalidade dos fiéis, incluindo os pastores (*consensus fidelium*);

— representado pelas Comunidades mais vivas e participantes;

— e vivido durante um tempo longo, para poder aparecer como tal.

6. O exercício concreto do *sensus fidelium*, que é o mesmo dizer do "magistério comum", se dá de dois modos:

— *informalmente*, pela vivência da fé no dia a dia, pela "opinião pública" eclesial, e especialmente pela liturgia. Todas essas formas vivenciais de fé ajudam a *reconhecer* (mais que a conhecer) o que é certo e o que é errado em matéria de doutrina;

— *formalmente*, através de mecanismos instituídos de representação, como os sínodos e outras assembleias, e mediante consultas várias.

7. No meio dos fiéis encontram-se algumas *categorias particulares* que exprimem o *sensus fidelium* de modo "carismático", ou seja, segundo a informalidade e liberdade do Espírito, e às vezes até em condições de grande solidão e incompreensão. São os santos, os profetas, os mártires, os pobres e outros confidentes especiais de Deus e de seus mistérios.

8. O magistério comum se *especifica* em magistério pastoral, magistério teológico e magistério laical. Os leigos são mestres na fé no seio do mundo, através da Palavra viva, e também dentro da igreja, através dos vários serviços ligados ao ensino, especialmente a catequese.

9. O magistério *pastoral* (hierárquico ou eclesiástico) é chamado "magistério" no sentido estreito e técnico. Ele é, por mandato divino, o primeiro responsável pela verdade da fé. Ele administra o ensino "autêntico" ou autorizado da fé. Representa a "Igreja docente", mas pode também aprender, na medida em que escuta "o que o Espírito diz às Igrejas".

10. As *tarefas específicas* do magistério pastoral são:

– testemunhar a fé através do anúncio da Palavra;

– recomendar prudência devida nas questões delicadas;

– ser o "juiz da fé", ou seu intérprete autorizado;

– e ter a coragem, se necessário, de emitir uma decisão dogmática, assim como de recorrer ao anátema como remédio extremo.

11. O magistério eclesiástico pode se enganar, seja intervindo de modo *inoportuno*, seja julgando mal do *conteúdo* de certas verdades não centrais da fé. Assim mesmo, o magistério permanece confiável, continuando a merecer respeito em termos de "religioso obséquio".

12. Em relação ao *sensus fidelium*, o magistério pastoral é *dependente*, enquanto se apoia em parte nele, e é ao mesmo tempo *autônomo*, enquanto conta com um particular carisma do Espírito.

13. A relação entre o magistério pastoral e o magistério dos fiéis é *análoga* à que existe entre o sacerdócio ministerial e o comum. Ambos derivam do mesmo Espírito e se relacionam um com o outro segundo a lógica da reciprocidade.

14. O *magistério pontifício* não é, nem de longe, o magistério único na Igreja e nem lhe é exterior. Situa-se antes *dentro* do magistério pastoral como sua expressão concentrada e culminante. Todavia, conta com uma assistência especial do Espírito e é singularmente dotado do carisma da *infalibilidade*.

15. Na apreciação do valor dos pronunciamentos do magistério eclesiástico devem-se levar em conta duas ordens bem distintas de questões:

– uma é a questão do *grau de importância* de uma verdade, quando situada no seio da "hierarquia de verdades". Trata-se aqui do valor de *conteúdo* da verdade proposta;

– outra questão, menos importante que a anterior, é o *grau de certeza* que possui uma verdade, ou de sua "qualificação teológica". Trata-se aqui do grau de *autoridade* com que é investida pelo magistério.

16. Para interpretar os documentos do magistério eclesiástico devem-se aplicar algumas *regras hermenêuticas* particulares, que levem em conta sobretudo os seguintes elementos:

– o contexto histórico, cultural e polêmico do tempo;

– o núcleo intencionado, distinto dos elementos marginais;

– a intencionalidade espiritual, pastoral e ecumênica;

– o lugar na "hierarquia de verdades" e sua qualificação teológica.

LEITURA

ERASMO DE ROTERDÃ:
Sobriedade nas definições dogmáticas[27]

<< Os antigos escritores da Igreja não filosofavam sobre as coisas divinas senão com uma extrema sobriedade. Não ousavam afirmar nada que não estivesse claramente afirmado nas Escrituras, cuja autoridade é para nós sacrossanta... Perdoemos aos Antigos, que não propuseram suas definições senão contra vontade. Mas nós outros não somos escusados por levantar tantas questões curiosas e por definir tantas coisas inúteis para a salvação...

É, em verdade, impossível estar unido à Trindade, sem ser capaz de explicar a distinção que separa o Pai do Filho, ou o Espírito das duas outras pessoas? O que mais importa, aquilo a que temos que aplicar todas as nossas energias, é curar nossa alma das paixões: inveja, ódio, orgulho, avareza, concupiscência. Se não tenho o coração puro, não verei a Deus. Se não perdoo a meu irmão, Deus não me perdoará... Ninguém será condenado por ignorar se o princípio do Espírito Santo é único ou duplo. Mas não evitaremos a condenação se não nos esforçarmos por possuir os frutos do Espírito, que são amor, alegria, paciência, bondade, doçura, fé, modéstia, continência...

A essência da nossa religião é a paz e a concórdia – o que só se pode manter à condição de não definir senão um pequeno número de pontos dogmáticos e deixar a cada um a liberdade de ter sua própria opinião sobre a maioria dos

---

27. *Carta a Carondelet*, 05/01/1523, apud J.-C. MARGOLIN, *Érasme par lui-même*, Seuil, Paris, 1965, p. 166-167.

problemas... A verdadeira ciência teológica consiste em não definir nada que não esteja indicado nas Escrituras. E mesmo essas indicações convém ensiná-las com simplicidade e de boa-fé. Apela-se hoje ao Concílio Ecumênico para decidir sobre muitos problemas. Mas seria melhor remetê-los para o dia em que veremos a Deus face a face...

Outrora, a fé consistia mais na vida do que na profissão dos artigos de fé. Pouco a pouco tornou-se necessário impor dogmas. Mas eram pouco numerosos e de uma simplicidade toda apostólica. Em seguida, por causa da deslealdade dos heréticos, submeteu-se a Escritura a uma investigação rigorosa. A obstinação dos heréticos obrigou a Igreja a definir alguns dogmas nos Concílios. Finalmente, o símbolo da fé passou a se expressar mais nos escritos do que nos corações. Houve quase tantos credos quantas pessoas. Os artigos se multiplicaram; a sinceridade diminuiu. A doutrina do Cristo, que no começo refugava toda logomaquia, passou a pedir proteção às escolas dos filósofos. Foi o primeiro passo para a decadência da Igreja. Depois, as riquezas aumentaram; a violência se intrometeu. A intrusão da autoridade imperial nos negócios eclesiásticos prejudicou a sinceridade da fé. A religião tornou-se mera argumentação sofística. E a Igreja foi inundada de uma miríade de artigos. De lá passou-se ao terror e às ameaças...

Pela força e o medo, obrigamos as pessoas a crer o que não creem; a amar o que não amam, a compreender o que não compreendem. A coação não pode ir junto com a sinceridade. O Cristo só aceita o dom voluntário de nossas almas. > >

CAPÍTULO 14/2

Teologia, Igreja e Magistério (II): Relação teologia-magistério pastoral

RESUMINDO

1. Magistério e Teologia não estão, por princípio, em relação de subordinação, mas fundamentalmente *de colaboração*. Ambos estão subordinados à Palavra e estão a serviço do Povo de Deus.

2. Frente à Doutrina da Fé, o Magistério e a Teologia têm funções distintas e complementares. Cabe especificamente ao *Magistério* anunciar a Palavra e velar pela sua integridade. Cabe especificamente à *Teologia* aprofundar racionalmente essa mesma Palavra. Os Pastores são como a boca que ex-põem a Verdade salutar; os Teólogos são como a cabeça que a ex-plicam.

3. A contribuição que o *Pastor* dá ao Teólogo é:

– estimulá-lo em seu trabalho;

– adverti-lo quanto aos desvios em relação à fé.

A contribuição do *Teólogo* ao Pastor é:

– caminhar ao seu lado, como assessor;

– ir à frente, como batedor de novas perspectivas para a fé.

4. O verdadeiro sentido da *missio canonica* é que o teólogo é um "delegado" não do Magistério, mas sim da Comunidade eclesial, com a missão de aprofundar e de transmitir a fé de que esta Comunidade é depositária. Contudo, a determinação jurídica desta delegação passa certamente pela hierarquia.

5. O Teólogo guarda sempre *liberdade* de pesquisa, liberdade consubstancial à teologia enquanto saber crítico. Entretanto, a livre discussão teológica deve sempre pôr a salvo duas coisas essenciais: a *verdade* essencial da fé e a *caridade* eclesial, seja em relação ao Povo de Deus, seja em relação aos seus Pastores.

6. Nos casos de *conflito* entre Magistério e Teologia, a regra é o *diálogo*, cuja iniciativa é dever do Magistério e que deve ser exercido na caridade cristã. Guia objetivo desse diálogo são as grandes referências comuns ao Pastor e ao Teólogo : a verdade da Palavra e o serviço ao Povo. Todavia, cabe *ex professo* ao Magistério a decisão final, e ao Teólogo sua acolhida respeitosa nos termos do "religioso obséquio".

LEITURA

COMISSÃO TEOLÓGICA INTERNACIONAL:
"Teses sobre as relações mútuas entre o Magistério eclesiástico e a Teologia"[28]

<< **Tese 3.** No serviço comum prestado à verdade, tanto o Magistério como os Teólogos se acham igualmente vinculados: 1) pela Palavra de Deus...; 2) pelo *sensus fidei*...; 3) pelos documentos da Tradição...; 4) pelo cuidado pastoral e missionário...

Tese 6. Diverso é o tipo de autoridade em virtude da qual o Magistério e os Teólogos exercem o seu ofício:

1) O Magistério recebe a própria autoridade da ordenação sacramental... Esta "autoridade formal"... é ao mesmo tempo carismática e jurídica... É mister cuidar para que a autoridade ministerial seja praticamente exercida junto com a autoridade que promana da pessoa e da própria coisa proposta;

2) Os Teólogos possuem uma autoridade própria especificamente teológica, que deriva de sua qualificação científica, a qual, todavia, não pode ser separada do caráter próprio de tal ciência, que é ciência da fé, e que não pode ser exercida

---

28. In *Revista Eclesiástica Brasileira*, 36 (1976) 947-953 (com comentários de O. Semmelroth e K. Lehmann: p. 953-959). Introduzimos, como de costume, pequenas modificações estilísticas.

sem uma viva experiência e prática da fé. Por isso, a teologia, na Igreja, goza não só de uma autoridade profano-científica, mas também de uma autoridade deveras eclesial, inserida na escala das autoridades que promanam da Palavra de Deus e são confirmadas por uma missão canônica.

Tese 8. Um caráter particular assume a diferença entre o Magistério e a Teologia, quando se consideram a liberdade que lhes é própria e a função crítica que daí deriva...:

1) O Magistério, por sua natureza e instituição, é naturalmente livre no exercício do próprio múnus. (...) É muitas vezes difícil, embora necessário, empregar a autoridade magisterial de tal sorte que não pareça... arbitrária ou demasiadamente extensa. Entre os próprios teólogos existem alguns que exaltam indebitamente a liberdade científica, não percebendo... que o respeito ao Magistério também pertence aos elementos científicos da ciência teológica. (...);

2) (...) A liberdade dos Teólogos é oriunda de uma verdadeira responsabilidade científica. Liberdade não ilimitada, pois, além de seus deveres em face da verdade, vale também para ela o princípio: "No uso de todas as liberdades há de salvaguardar-se o princípio moral da responsabilidade pessoal e social" (*Dign. Hum.*, 7). O encargo dos Teólogos... comporta uma função de certo modo crítica, mas positiva, não destrutiva.

Tese 9. No exercício dos ofícios do Magistério e dos Teólogos muitas vezes ocorre alguma tensão. (...) Onde há verdadeira vida, ali sempre se encontra alguma tensão. Essa não é inimizade nem verdadeira oposição, mas antes força vital e estímulo para desenvolver-se comunitariamente e de forma dialógica o ofício próprio de cada um.

Tese 10. (...) O diálogo constitui um excelente auxílio recíproco: o Magistério pode conseguir maior compreensão das verdades de fé e de moral que devem ser pregadas e defendidas; a compreensão, pelos teólogos, da fé e dos costumes, fortalecida pelo Magistério, ganha em certeza.

Tese 11. (...) O diálogo tem seus limites ali onde se tocam os limites da verdade de fé. Este fim do diálogo – estar a serviço da verdade – não poucas vezes é posto em perigo pelas seguintes atitudes: quando o diálogo é instrumentalizado..., através de pressões; quando se ocupa "unilateralmente" o terreno do diálogo...; sobretudo... quando se abandona antes do tempo o plano da discussão e se empregam logo meios coercitivos, ameaças e punições; quando... a discussão... é levada a cabo recorrendo a uma publicidade não suficientemente informada... com pressões externas de notável influência (*mass-media*).

Tese 12. Antes de formalmente abrir um processo doutrinal, a autoridade competente deve esgotar todos os recursos correntes para conseguir um consenso por via do diálogo... (colóquio pessoal, correspondência epistolar...). Se com essas formas de diálogo não se consegue nenhum verdadeiro entendimento, o Magistério deve empregar um amplo e flexível aparelho de réplica, a começar pelas diversas formas de admoestação, de "sanções verbais", etc. Em caso muito grave, o Magistério... deve por seu turno defender a verdade ferida e a fé do Povo fiel. (...) >>

CAPÍTULO 15

Pluralismo teológico

RESUMINDO

1. O pluralismo cultural tem duas bases de legitimidade:

1) a *transcendência* da fé, de que teologia alguma, por ser humana, consegue dar totalmente conta. Daí a necessidade de várias teologias para enriquecer com novas perspectivas o mistério "sempre maior";

2) o *contexto* cultural limitado em que toda teologia opera e pelo qual é sempre condicionada.

2. A própria *Bíblia* é um exemplo de pluralismo teológico. Nela se encontram lado a lado distintas visões da mesma verdade. O exemplo maior é o Evangelho de Cristo, que é teologizado "segundo" quatro "cristologias" diferentes.

3. Os documentos do *Vaticano II* reconhecem o legítimo pluralismo na teologia não só em termos das grandes teologias já existentes: a do Oriente e a do Ocidente (UR 17,1), mas também em termos de novas teologias a criar, segundo os "grandes territórios socioculturais" (AG 22,2), os "sinais dos tempos" (GS 4,1) e os "problemas novos" (GS 62,2).

4. A fórmula do pluralismo teológico é: *uma fé – muitas teologias*. Portanto: unidade de fé na pluralidade teológica. E vice-versa: pluralidade teológica na unidade da fé. Contudo, a *unidade* da fé é a riqueza mais preciosa e que necessita sempre dos maiores cuidados.

5. O pluralismo teológico pede algumas virtudes:

– *humildade* em reconhecer que a própria teologia é limitada, porque perspectivista;

– *liberdade* e *coragem* para avançar novos pontos de vista, salvas restando sempre a essência da fé (ortodoxia) e a comunhão eclesial (caridade);

– *firmeza* na custódia do núcleo essencial da fé;

– *generosidade* em julgar a teologia dos outros, especialmente se for inovadora;

– *compromisso* com os irmãos, especialmente com os *pobres*, avaliando não só a correção de uma teologia, mas também seus efeitos na vida concreta. Pois nenhuma teologia, que não produzir bons frutos, pode reivindicar um lugar no "concerto teológico".

6. Está dentro do legítimo pluralismo teológico a teologia que respeitar a *"regra da fé"*, interpretada segundo a grande Tradição e o Magistério. Esse é o critério central, sendo critério auxiliar a compatibilidade dialética, não rígida, da teologia em questão com as outras teologias, aceitas na Igreja. Além disso, observe-se, como critério indireto, a "prova dos frutos", como se aludiu acima.

7. Muitas vezes o ponto de fricção entre teologias não provém do dado da fé em si, mas das *implicações sociais* da mesma fé. Essas, contudo, não decorrem diretamente da fé, mas passam pela mediação da consciência social, a qual é profundamente condicionada pelas condições sociais. Ora, um "choque existencial" pode fazer a pessoa rever e mudar sua opção sociopolítica.

8. No caso das projeções sociais de uma teologia, o pluralismo teológico pode ser considerado como uma forma de pluralismo *político* dentro da Igreja. Ou seja, a diversidade de teologias pode ser vista como um caso particular da diversidade de opções sociopolíticas entre os cristãos. Nesse caso, a discordância entre teologias deve ser tratada segundo as seguintes orientações:

– respeito pela posição do outro;

– diálogo entre os antagonistas;

– partilha da vida.

LEITURA I

EGÍDIO DE ROMA:
Defesa do pluralismo teológico[29]

<< Pessoas há que se comprazem em denunciar como errôneas as opiniões de seus colegas teólogos que elaboram nossa fé e esclarecem a Igreja. Precipitação esta que não deixa de ter perigo para a fé. O trabalho dos teólogos, graças ao qual avançamos nos caminhos da verdade, requer um crítico bem-intencionado e livre e não um detrator venenoso.

Não se deve, por outra parte, impor uniformidade de opiniões a todos os nossos discípulos, pois nossa inteligência não tem por que ser dócil à tutela de um homem, senão somente a Cristo. Declarar que se contam entre os erros as proposições desses teólogos (NB: entre os quais, Tomás de Aquino) é pôr a fé em perigo, ligando-a à debilidade de nossa inteligência. (...)

Calem-se, pois, tais censores. Se querem sustentar opinião contrária, podem fazê-lo, porém não julguem errônea a outra. Isso é, a um tempo, precipitação de juízo e debilidade de espírito, porquanto, em seu orgulho, mostram não saber discernir os argumentos decisivos das razões débeis. >>

LEITURA II

COMISSÃO TEOLÓGICA INTERNACIONAL:
Unidade da fé e pluralismo teológico[30]

<< 1. A unidade e a pluralidade na expressão da fé possuem seu fundamento último no próprio Mistério de Cristo que, embora sendo mistério de

---

29. Apud Marie-Dominique CHENU, *Santo Tomás de Aquino e a Teologia*, Agir, Rio de Janeiro, 1967, p. 174. Trata-se de um trecho da defesa que Egídio de Roma (1243-1316) faz de seu antigo mestre, Tomás de Aquino, contra a condenação do bispo de Paris, Estêvão Tempier, em 7 de março de 1277. Pagou com a perda da cátedra em Paris, para onde voltou somente após retratação (1285). Foi Geral dos Eremitas de Sto. Agostinho (1289) e depois Arcebispo de Burges (1295). Defendeu Bonifácio VIII (influiu na redação da *Unam Sanctam*) contra Filipe o Belo, para cuja educação tinha escrito sua obra mais notória: o tratado teológico-político *O regime dos Príncipes*.

30. In *SEDOC*, n. 64, t. 6 (1973), col. 277-279.

recapitulação e de reconciliação universal (cf. Ef 2,11-22), ultrapassa as possibilidades de expressão de qualquer época da história, subtraindo-se deste modo a qualquer sistematização exaustiva (cf. Ef 3,8-10).

7. O critério que permite distinguir entre o verdadeiro e o falso pluralismo é a fé da Igreja, expressa no conjunto orgânico de seus enunciados normativos: o critério fundamental é a Escritura em relação à confissão da Igreja que crê e reza; entre as fórmulas dogmáticas, a dos antigos Concílios possuem a prioridade; as fórmulas que exprimem uma reflexão do pensamento cristão estão subordinadas às que exprimem os próprios fatos da fé.

8. Mesmo se, na situação atual da Igreja, o pluralismo aumenta, a pluralidade encontra seu limite no fato de que a fé cria a comunhão das pessoas na verdade a que temos acesso por Cristo. Isso torna inadmissível qualquer concepção da fé que a reduzisse a uma cooperação puramente pragmática, sem comunidade na verdade. Esta verdade não está vinculada a um sistema teológico, mas se exprime nos enunciados normativos da fé. Diante de apresentações gravemente ambíguas da doutrina, diretamente incompatíveis com a fé da Igreja, esta possui a faculdade de individuar o erro e a obrigação de removê-lo, até com a rejeição formal da heresia, como remédio extremo para tutelar a fé do Povo de Deus.

9. Por causa do caráter universal missionário da fé cristã, os eventos e as palavras reveladas por Deus devem ser cada vez repensados, reformulados e novamente vividos dentro de cada cultura humana, caso se queira que forneçam uma verdadeira resposta aos problemas radicais do coração de cada ser humano e inspirem a oração, o culto e a vida cotidiana do Povo de Deus. O Evangelho de Cristo leva, deste modo, cada cultura à sua plenitude e, ao mesmo tempo, a submete a uma crítica criadora. (...)

15. A necessária unidade da fé e da comunhão não impede a diversidade de vocações e de preferências pessoais no modo de aproximar-se do Mistério de Cristo e de vivê-lo. A liberdade do cristão (cf. Gl 5,1.13), longe de implicar num pluralismo ilimitado, exige um esforço para a verdade objetiva total, bem como paciência diante das consciências fracas (cf. Rm 14,15; 1Cor 8). O respeito à autonomia dos valores humanos e às legítimas responsabilidades neste campo implica na possibilidade de uma diversidade de análise e de opções temporais por parte dos cristãos. Tais diversidades podem ser assumidas numa mesma obediência à fé e na caridade (cf. GS 43). >>

II PARTE

QUESTÕES COMPLEMENTARES

CAPÍTULO 16

Disposições básicas para o estudo da teologia

Quem vai estudar teologia deverá assumir algumas atitudes fundamentais. É a natureza mesma da teologia que determina tais atitudes. A teologia, enquanto reflexão da fé a serviço do povo, exige as seguintes disposições básicas:

– amor ao estudo da fé;

– senso do mistério;

– e compromisso com o povo.

Em cada um desses pontos, indicaremos também os erros que se opõem à atitude em questão e daremos finalmente um ou outro exemplo ilustrativo da mesma atitude.

AMOR AO ESTUDO DA REVELAÇÃO

Teologia como ato amoroso

Na raiz da teologia encontra-se o interesse, o gosto e mesmo a paixão pelo seu assunto: Deus e seu plano. Estudar teologia por qualquer outra finalidade, como somente para o ministério, pior ainda, para fazer carreira, degrada a atividade teológica. O estudo da teologia se coloca em linha direta com a fé. Sem amor pelas coisas da fé, a teologia não passa de trabalho forçado. E leva necessariamente ao enfado.

Mas como tomar gosto ou, pelo menos, como aumentar o gosto pela teologia?

1. Antes de tudo, *aprofundando a própria fé*. O gosto pelo estudo da teologia faz parte da própria fé. Como vimos, quem crê, ama saber as razões por que crê. A fé não é no fundo outra coisa senão o gosto pelas coisas divinas. Com a fé, temos a sabedoria, como dom do Espírito, que nos dá a faculdade de saborear as coisas de Deus. "Onde está o teu tesouro, lá também estará teu coração" (Mt 6,21).

2. Depois, *buscando ver a relevância da fé para a vida*. Trata-se de perceber a importância da fé no assumir e transformar a existência segundo o Reino de Deus. Em particular, quando alguém se dá conta de quanto a teologia pode ajudar o povo oprimido a se libertar, então o interesse por ela também cresce. Tudo isso vale mais ainda para quem se sente especialmente chamado ao trabalho apostólico. Esse naturalmente ama entender a Palavra que vai anunciar.

3. Por fim, *através do próprio estudo da teologia*. "O apetite vem comendo". Quer dizer: a prática da teologia pode ser inicialmente trabalhosa, mas com o tempo se torna menos difícil e chega mesmo a ser gratificante.

Portanto, o teólogo é no fundo o "filó-logo" por excelência, ou seja, o amante do *logos* divino. O ato teológico é um ato amoroso. E isso no duplo sentido da palavra "amor": *eros* e *agapé*.

É ato com dimensão *erótica*, porque supõe um amor-interesse, no sentido de desejo, ambição ou paixão. Sob esse aspecto, a teologia é um amor de procura *interesseira*, que em algumas vocações chega ser quase uma compulsão. Interessa-nos, em verdade, saber qual é o sentido da fé para nós pessoalmente e para nossa realização plena.

Mas teologia é também contemplação e ato *agápico*, porque implica num amor-entrega ao Mistério, num amor feito de escuta, de obediência e serviço à Palavra. No sentido de agapé, teologia é amor de procura *gratuita*, desinteressada e livre da realidade divina.

Síntese de *eros* e *agapé*, o ato teológico é um ato sobretudo agápico. Nele o *eros* é assumido, animado e dirigido pelo *agapé*, na medida em que este é docilidade ao objeto-sujeito da teologia, que é Deus mesmo[31].

Em seu poema "Epitalâmio místico do teólogo e da teologia sob a figura de Jacó e Raquel", João Gerson, o prestigioso representante da Universidade de Paris no Concílio de Constança (1414-1418), faz a teologia dirigir-se assim ao teólogo:

> "Eu te esconjuro pelos cervos e cabras dos campos,
> Te esconjuro pelos fogos santos do amor,
> Pela fidelidade santa, pela beleza e pela honra:
> Jacó, tu me amas?"[32]

Teologia como "studium"

O amor à inteligência da fé leva naturalmente à *aplicação*, isto é, à busca, à pesquisa, em breve, ao "studium". Este consiste no esforço para conhecer a fundo a Palavra de Deus.

O esforço do "estudo" representa, na verdade, uma postura permanente: teólogo é sempre um estudioso, também depois de supostamente "formado". Evidentemente, nos chamados "anos de formação", o "estudo" assume uma forma particularmente concentrada e de tipo assimilativo e, em seguida, uma forma mais solta e criativa.

Já que a "vontade de conhecimento" compreende tendências contraditórias: impetuosidade espiritual e indolência corporal, o estudo deve ser bem disciplinado:

– por um lado, implica em *moderar* as potências do *espírito*, em seu desejo de saber tudo e de qualquer forma;

---

31. Cf. Karl BARTH, *Introdução à teologia evangélica*, Sinodal, São Leopoldo, 1977, p. 153-160: últimas páginas.

32. "Oro per cervos capreasque campi, / Oro santos per amoris ignes, / Per fidem sanctam, decus et honorem, / Jacob, amas me": apud *Dictionnaire de Théologie Catholique*, t. VI/1, col. 1325.

– e, por outro, em *estimular* as energias físicas, sempre tentadas pelo comodismo e pela preguiça[33].

Em relação ao estudo, vale a pena ouvir a milenar sabedoria do Oriente. Eis o que se lê nas *Sentenças cingalesas*:

> "Os cinco meios *externos* para progredir no estudo são: mestre, livro, casa, condiscípulos e orelhas. Os cinco meios *internos* para um estudante ter sucesso são: saúde, mente desperta, boa conduta, aplicação e gosto pelos livros."[34]

Dois exemplos: S. Beda e Vitória

Ninguém talvez exprimiu com mais singeleza a dedicação e o contentamento sereno em fazer teologia do que o venerável Beda († 735), o maior teólogo de seu tempo:

> "Entreguei-me totalmente à meditação das Escrituras, e no meio da observância da disciplina regular e da tarefa cotidiana de cantar na igreja *sempre tive por sumamente agradável o fato de aprender, de ensinar ou de escrever*."[35]

Valha aqui o testemunho de outro luminar de sua época, Francisco de Vitória († 1546), mestre de toda uma série de teólogos da idade de ouro da teologia espanhola. Eis como ele exprime o empenho estrênuo de teólogo em sua tarefa própria:

> "Desfrutam os lavradores de seus ócios. Desfrutam-no todos os artesãos e operários. E, ao ocupar sua vida nos dias de labor, esperam o repouso das festas, nas quais afrouxam

---

33. Cf. TOMÁS DE AQUINO, *ST* II-II, q. 166, a. 1 e 2: sobre a *studiositas*, parte da virtude da "temperança".

34. *Subhâshitarnava* (séc. XVII), 99: apud Marcelo SEMERARO – Giovanni ANCONA, *Studiare la teologia dogmatica*, Vivere in, Roma, 1994, p. 5 (moto).

35. BEDA, *Historia Ecclesiastica Gentis Anglorum*, V, 24: apud Yves CONGAR, *La foi et la théologie*, Desclée, Paris, 1962, p. 219: "Omnem meditandis Scripturis operam dedi, atque inter observantiam disciplinae regularis et quotidianam cantandi in ecclesia curam, semper aut discere, aut docere, aut scribere dulce habui".

à vontade as rédeas do trabalho, recreiam seu espírito e dão alívio ao coração, esquecidos dos cansaços. A nós, teólogos, nem nas festas nem nas vésperas se nos consentem esses ócios. Para os estudiosos, não se conhecem tempos livres. Para os exercícios literários não existem férias."[36]

Mas todo esse labor, o teólogo o sustenta com uma feliz disposição de ânimo, porque a matéria vale a pena, vale toda pena:

> "A sagrada Teologia não conhece termo nem meta em suas aspirações. E isso de tal maneira que se alguém passasse toda a vida em seu estudo assíduo, não avançaria tanto quanto reclama a matéria. Eu, durante vinte anos e mais, me consagrei com todas as forças ao estudo da teologia e me parece que ainda não passei das portas. Se alcançasse viver cem anos, passá-los-ia agradavelmente nesses estudos."[37]

O desamor ao estudo da teologia

Cultura pragmatista

Vejamos agora o que se opõe ao amor do estudo da teologia. Se examinarmos o ambiente cultural de hoje, vemos muitos fatores negativos:

– a *cultura de massa*, baseada na comunicação audiovisual e que envolve toda a sociedade, sem excetuar os jovens teólogos. Em que pese suas virtudes, ela tem um lado apassivador e sensacionalista, pelo que não favorece certamente a reflexão pessoal, a pesquisa e o estudo em geral;

– o *ativismo*, pastoral ou não, que dispersa a mente e dispensa o aprofundamento dos problemas;

---

36. Cf. Francisco de VITORIA, *Relecciones sobre les Indios y el derecho de guerra*, Espasa-Calpe, Madri, 1975, 3ª ed., p. 13, cit. na *Introdução*.

37. F. de VITORIA, *Op. cit.*, p. 12.

– um clima de *materialismo* e *hedonismo*, que dificulta à mente ascender às realidades mais puras e elevadas, como são as da fé[38].

O que diz F. Hegel da filosofia, no Prefácio de sua *Fenomenologia do Espírito*, vale perfeitamente também para a teologia:

> "Parece particularmente necessário fazer de novo da filosofia uma coisa séria. Para todas as ciências, as artes, os talentos, as técnicas, prevalece a convicção de que não se pode possuí-las sem se dar o trabalho e sem fazer o esforço de aprendê-las e de praticá-las. Se alguém que tem olhos e dedos, e a quem se fornece couro e um instrumento, não está, só por isso, em condições de fazer sapatos, hoje em dia domina o preconceito segundo o qual cada um sabe imediatamente filosofar e apreciar a filosofia, só pelo fato de possuir a unidade de medida necessária em sua razão, como se cada um não possuísse também em seu pé a medida do sapato. Parece que se faz consistir propriamente a posse da filosofia na falta de conhecimentos e de estudos, e que esses acabam quando a filosofia começa."[39]

Anti-intelectualismo

A preguiça mental ou a negligência intelectual muitas vezes se exprime na alergia ou aversão à reflexão e mesmo no ódio ao estudo, que Platão chamou de "misologia". Adverte S. Anselmo:

---

38. Cf. TOMÁS DE AQUINO, *ST* II-II, q. 15, a. 3, c: "A abstinência no comer assim como a castidade dispõem maximamente a pessoa à perfeição da operação intelectual". E traz o exemplo de Daniel e seus companheiros, aos quais, abstinentes que eram, "Deus deu a ciência e os instruiu em toda literatura e sabedoria" (Dn 1,17). Cf. também II-II, 1, q. 46, a. 3, todo; q. 148, a. 6, c; q. 180, a. 2, ad 3. Diga-se que essa era a concepção corrente entre os grandes filósofos antigos, para os quais não se chega às verdades mais elevadas sem uma rigorosa disciplina moral e ascética. Assim, PLATÃO, *Carta VII*, 326 b5-d5, onde diz que a "moda itálica e siracusana" da corte de Dionísio, com sua "vida entregue aos banquetes" e à "satisfação ardorosa das paixões eróticas", não podia convir de modo algum à sua proposta de uma vida e de uma política pautadas pelos altos ideais da sabedoria filosófica. No início de nosso século, Miguel de UNAMUNO tinha desfechado um virulento ataque contra a luxúria, a pornografia e o don-juanismo, como causas de desfibramento intelectual e espiritual de uma cultura: *Ensayos*, Aguillar, Madri, 1970, t. II, p. 457-478.

39. Friedrich HEGEL, *La phénoménologie de l'Esprit*, Aubier/Montaigne, Paris, 1941, Prefácio, p. 57-58.

"Como a reta ordem nos impõe crer nos profundos ensinamentos da fé cristã antes ainda de ousar submetê-los a um exame racional, assim, parece-me, há negligência de nossa parte, se, depois de nossa confirmação na fé, não nos aplicarmos a compreender o que cremos (*non studemus quod credimus intelligere*)."[40]

Não raro essa tendência toma a forma de uma ideologia sustentada: o anti-intelectualismo. O nome mais conhecido de anti-intelectualismo teológico é "fideísmo". E esse é de dois tipos:

1) O fideísmo vulgar ou forte

Este se encontra mais frequentemente nos meios *populares*. Trata-se de uma atitude mais vivida que elaborada. Consiste em crer de modo espontâneo, sem reflexão nem exame. A pessoa se contenta com a força da autoridade religiosa, seja bíblica, eclesiástica ou da tradição. O fideísmo pode ser de corte fundamentalista ou relativista. Exprime-se em frases como: "De religião não se discute", "Cada um tem sua crença", "Isso é mistério: não adianta explicar".

Contudo, esse comportamento não se sustenta hoje num mundo marcado pelo espírito crítico, que submete tudo à discussão e questionamento[41]. É verdade, a crítica racionalista não atinge o núcleo mais profundo da fé, que é de natureza transracional. E isso se torna hoje particularmente claro na medida em que está emergindo, do seio mesmo da cultura moderna, a tendência "pós-moderna" de revalorizar a dimensão subjetiva, sensível e experiencial da religião, longe de todo o doutrinarismo.

Todavia, uma fé a-teológica, que se contenta apenas com a experiência subjetiva do sentido e afasta toda racionalidade, permanece submetida a muitas armadilhas, como o sincretismo espúrio, a manipulação psicológica e a instrumentalização política.

---

40. *Cur Deus homo*, I, 1: in Col. Sources Chrétiennes 91, Cerf, Paris, 1963, p. 212-213.
41. Cf. INSTITUTO DIOCESANO DE ENSINO SUPERIOR DE WÜRZBURG, *Teologia para o cristão de hoje*, Loyola, São Paulo, 1979, vol. 6, p. 12-21.

2) O fideísmo erudito ou brando

É a tendência intelectual dos que admitem a reflexão da fé, sim, mas manifestam pouca confiança na força da razão. Têm receios de que a razão invada arbitrariamente o campo da fé.

Essa é uma orientação do espírito bastante recorrente na história do pensamento. Ela é representada, em primeiro lugar, pelo relativismo religioso, cuja expressão extrema se encontra no *agnosticismo*. Este afirma: Sobre a questão do Mistério nada sabemos e nada podemos saber; sobre isso é melhor calar-se. Por questão de pragmatismo religioso, consta que tanto para Buda como para Confúcio a reflexão sobre a divindade não tinha particular relevância.

Entre os gregos, é conhecido o ceticismo dos sofistas. Um deles, Protágoras († ca. 408 aC), em seu tratado "Sobre os deuses" (pelo qual foi acusado de impiedade e obrigado a deixar Atenas, e do qual teve um exemplar publicamente queimado), afirma:

> "Sobre os deuses, não posso dizer nada, nem que existem, nem que não existem (nem que forma têm). Muitas coisas nos impedem de sabê-lo; antes de tudo, a obscuridade da questão; em seguida, a brevidade da vida humana."[42]

Aristóteles reporta a opinião

> "de um certo Simônides, que queria convencer as pessoas a renunciar ao conhecimento de Deus e a dirigir a seu estudo para as realidades humanas, afirmando que o ser humano deve degustar as coisas humanas, e o ser mortal desfrutar as coisas mortais."[43]

Naturalmente, Aristóteles, naquele mesmo passo, se opõe a essa substituição da teologia racional pelas ciências humanas, dizendo que, ao contrário,

---

42. Apud Werner JÄGER, *À la naissance de la théologie*. Essai sur les présocratiques, Col. Cogitatio Fidei 19, Cerf, Paris, 1966, p. 202. O parênteses "nem que forma têm" falta em alguns autores que citam a declaração.

43. Apud TOMÁS DE AQUINO, *Summa contra gentiles*, 1. I, c. 5, referindo-se a ARISTÓTELES, *Ética a Nicômaco*, 1. X, c. 7, 8 (trad. bras. Col. Os Pensadores, Abril, São Paulo, 1979, 2ª ed., p. 64).

"nós devemos fazer de tudo para viver conformemente à parte mais excelente de nós mesmos – o princípio divino."[44]

Na história da teologia, o fideísmo brando teve grandes representantes. São os teólogos das escolas monástica, agostiniana e franciscana[45]. Eis aqui algumas afirmações na linha dessa posição:

– "Deve-se deixar fora os argumentos, quando se busca a fé": Sto. Ambrósio[46].

– "Não tem mérito a fé cuja prova pode ser exibida pela razão humana": S. Gregório Magno[47].

– "A fé dos piedosos diz sim, sem discutir": S. Bernardo[48].

Karl Barth se situa no seio do fideísmo moderado[49]. Ele afirma, com a mais extrema energia, a soberania da Palavra de Deus. Absolutiza-a de tal maneira que a razão parece privada de sua autonomia, para se reduzir à simples obediência. Diz Barth:

> "O teólogo não dispõe de nenhuma prova graças à qual possa demonstrar a si mesmo ou a outros que não vai à caça de grilos. Ele apenas apreende a Palavra de Deus e sobre ela reflete. Ele pode ser consciente disso somente de fato."[50]

Não se incide aqui numa espécie de positivismo teológico? Efetivamente, a teologia aparece então como algo de puramente "posicional" ou tético, dispensando o controle de seus princípios e uma justificação racional.

---

44. Apud TOMÁS DE AQUINO, *Op. cit.*, *ibid.*

45. Cf. Marie-Dominique CHENU, *La théologie comme science au XIIIe. siècle*, Vrin, Paris, 1969, 3ª ed., espec. p. 26-32: resistências de teólogos à introdução da racionalidade aristotélica na teologia.

46. *De fide*, 1. I, c. 5: apud TOMÁS DE AQUINO, *ST* I, q. 1, a. 8, praet. 1.

47. *Homilia XXVI sobre o Ev.*: apud TOMÁS DE AQUINO, *ST* I, q. 1, a. 8, praet. 2.

48. Apud INSTITUTO DIOCESANO..., *Teologia...*, *op. cit.*, p. 22.

49. Cf. Wolfhart PANNENBERG, *Epistemologia e teologia*, Queriniana, Brescia, 1975, p. 252-262.

50. W. PANNENBERG, *Op. cit.*, p. 259.

Por outro lado, esse "objetivismo absoluto" já não é uma posição subjetiva e mesmo arbitrária? Devemos, sim, adjudicar a centralidade da teologia à Palavra de Deus, mas fica sempre a pergunta, inescapavelmente teológica: Qual Palavra? Onde e como ela se exprime? É verdade, como afirma Barth, que a teologia tem que se medir pelo seu Objeto próprio (*Gegenstandsgemaessheit*). Mas nem por isso ela deixa de ser racional ou racionalizável, pois a teologia nunca pode preterir de uma regulação lógica qualquer. Vale relembrar aqui a consigna de Agostinho: *Intellectum valde ama*[51].

Um ícone do teólogo: Maria de Nazaré

Podemos apresentar aqui a figura da Virgem Maria como o tipo exemplar do espírito que ama o conhecimento da fé. Isso pode parecer surpreendente. Sabemos, contudo, que Lucas traça o perfil de Maria como a da mulher de fé, e de uma fé que tem os "olhos abertos", portanto, de uma fé que se faz teologia.

Tomemos como quadro exemplar a Anunciação. Vemos aí uma figura reflexiva: "Ela pôs-se a pensar qual seria o significado da saudação" (Lc 1,29). Vemos, em seguida, que sua pergunta ao anjo tem a forma de uma questão: "Como se fará isso, se eu não conheço varão?" (Lc 1,34). É a fé buscando luz, a *fides quaerens intellectum*. Efetivamente, o anjo esclarece teologicamente a "dúvida metódica" de Maria. Fala da ação do Espírito e oferece, por acréscimo, o sinal da concepção da parenta, estéril (Lc 1,35-36). Maria então acolhe a Palavra com o mesmo espírito lúcido e responsável: "Eis aqui a serva do Senhor" (Lc 1,38). Assim, apoiada em razões e sinais, Maria se entrega à vontade do céu: "Feliz aquela que acreditou" (Lc 1,45).

Como contratipo dessa atitude autenticamente teológica é-nos apresentado Zacarias. Sua pergunta não nasce da "fé que busca entender", mas sim da dúvida, da incredulidade: "Como saberei?" (Lc 1,18). Ademais, Zacarias exige um sinal, bem ao contrário da pessoa de fé, que foi Maria e, antes dela ainda, Abraão (cf. Gn 15,8).

De resto, há outros passos em que Maria aparece nessa atitude tipicamente teológica de interrogação e abertura diante dos caminhos de Deus. Assim, nos eventos que rodearam o nascimento do filho: "Maria conservava todas aquelas coisas, meditando-as em seu coração" (Lc 2,19; também

---

51. "Ama intensamente o entendimento": *Carta 120*, 13 e 14, citada como *Leitura* no fim do Cap. 4.

2,51). É, aliás, a postura típica do sábio bíblico, que recorda e murmura em seu coração a Palavra do Senhor (Eclo 50,27-29; cf. Sl 107,43)[52].

Podemos concluir dizendo que a Mãe de Jesus, "Sede da Sabedoria", é a figura viva da *cogitatio fidei* que palpita no coração de toda teologia.

SENSO DO MISTÉRIO

A humildade intelectual

"O ato supremo da razão é curvar-se diante das coisas que superam a razão" – disse Pascal. O reconhecimento pela razão dos seus próprios limites é um ato de humildade e é por isso mesmo um ato de verdade. A realidade transborda todo conceito, como, em seu realismo, costumavam afirmar os Escolásticos. Já antes, os gregos sabiam disso quando prescreviam que se devia "pensar nas coisas mortais (*thneetà phroneîn*)" e fugir à desmedida da razão (*hybris*). A conhecida frase de Shakespeare, no *Hamlet* (I, 5) vale sobretudo para a teologia: "Há entre o céu e a terra muito mais coisas que a tua vã filosofia pode imaginar".

A Bíblia não cansa de lembrar que a razão humana é impotente para perscrutar, não só as realidades divinas, mas também as deste mundo. Diz Jesus a Nicodemos, mestre em Israel: "Se vos tenho falado das coisas terrenas e não me credes, como crereis se vos falar das celestes?" (Jo 3,12). Mas isso aparece especialmente nos livros sapienciais:

– No livro de Jó, Deus se manifesta no fim, mostrando que, se já o ser humano não pode penetrar as maravilhas de sua Criação, como poderá compreender os mistérios de seus planos (cap. 38 a 41)?

– No livro da Sabedoria lemos: "Mal podemos compreender o que está sobre a terra, dificilmente encontramos o que temos ao alcance da mão. Quem, pois, pode descobrir o que se passa no céu?" (Sb 9,16).

---

52. Cf. Aristide SERRA, *Maria secondo il Vangello*, Queriniana, Brescia, 1987, cap. 11, p. 120-132.

– E Judite, no livro do mesmo nome, afirma: "Se não descobris o íntimo do coração do homem e não entendeis as razões do seu pensamento, como então penetrareis o Deus que fez essas coisas? Como conhecereis seu pensamento? Como compreendereis o seu desígnio?" (Jt 8,14; cf. também Jr 12,1-6).

A humildade teológica

A modéstia intelectual vale em tudo e para todos, mas vale mais ainda para o teólogo. Ele há de ter o pudor da fé. E isso por duas razões principais:

1) Por causa da *desproporção infinita* entre nossa razão e o Mistério divino. Daí o sentido do primeiro mandamento do Decálogo bíblico: a proibição de imagens (cf. Ex 20,4). Daí também a linguagem analógica e em particular metafórica para se falar das realidades divinas. E daí finalmente também a "teologia negativa" (feita de negações) e o apofatismo (o silêncio de toda linguagem) frente ao Mistério absoluto.

2) E também por causa do *objeto-sujeito* da teologia: Deus. Ele é pessoa soberana e indisponível, que se comunica apenas por Revelação gratuita (cf. Mt 11,27; 1Cor 2,10).

Newman afirmou que a teologia era *no devotional*. Isso vale do ponto de vista formal, mas não radicalmente. Pois a piedade e a devoção são qualidades que estão na raiz de toda teologia verdadeira: *piedade* (ou reverência), porque reconhece que seu tema lhe é "semper maior"; *devoção* (ou fervor), porque o teologizar deve representar a consagração da inteligência através de um ato de entrega ao Mistério, um "rationabile obsequium" (cf. Rm 12,1).

Quando falta o senso do mistério

Falemos agora do que contradiz o senso do mistério. Na verdade, perdendo-se o sentido dos limites da razão, cai-se em muitos erros, entre os quais: a arrogância intelectual, o objetivismo e a tagarelice.

1) A arrogância intelectual

É quando pretendemos compreender a Deus de maneira perfeita[53]. Mas temos que reaprender sempre com Sto. Hilário: "Compreende que Deus é incompreensível". No campo da teologia subsiste sempre a tentação do racionalismo, que busca em tudo "ideias claras e julgamento seguro" (M. Merleau-Ponty).

São Paulo enfrentou a tendência gnóstica, viva até hoje – "gnose eterna" – que ambicionava aprisionar o sentido do Mistério e apoiar-se nessa conquista em vista da salvação. O Apóstolo lhe contrapõe a "linguagem da cruz", que é "escândalo" e "loucura" para a inteligência humana (1Cor 1 e 2). E emenda:

> "A ciência incha, o agapé constrói. Se alguém pensa que sabe alguma coisa, ainda não conhece como convém conhecer. Mas se alguém ama a Deus, esse é conhecido por Ele" (1Cor 8,1-3).

O Apóstolo ataca a ambição, sempre renascente na comunidade, de querer saber mais do que os outros. Manda que não se tenham "pretensões além do razoável", mas que "se busque saber de modo sóbrio", isto é, com medida: "a medida da fé, que Deus concede a cada um" (Rm 12,3)[54].

Com efeito, a arrogância se manifesta muitas vezes na *presunção*. É quando alguém, inconsciente dos próprios limites, se deixa ir para além da própria medida. É a falta de modéstia teológica, daquele que "se intromete para além de sua capacidade de perscrutar as realidades divinas."[55]

Ao contrário, os platônicos falavam da *sobria ebrietas* – do entregar-se, sim, mas com discernimento, como numa espécie de "paixão

---

53. Cf. TOMÁS DE AQUINO, *In Boetium de Trinitate*, q. II, a. 1, c.: "como se as coisas divinas fossem perfeitamente compreensíveis".

54. A tradução é difícil. Retenha-se a frase: *phroneîn eis to soophroneîn*, que a Vulgata traduziu epigraficamente: *sapere ad sobrietatem*.

55. TOMÁS DE AQUINO, *In Boetium...*, *op. cit., ibid.*

lúcida", de entusiasmo domado, de ardor contido[56]. Contra o delírio do transe pseudoprofético, que tolhe o uso da razão, Paulo ensina: "O profeta é senhor do espírito profético que o anima" (1Cor 14,33).

A Escritura conhece e ensina essa postura de contenção intelectual. O livro dos Provérbios recomenda: "Não imagines ser sábio" (Pr 3,7). E Jesus Ben Siraq:

> "Não procures o que é elevado demais para ti, não procures penetrar o que está acima de ti. Mas pensa sempre no que Deus te ordenou. Não tenhas a curiosidade de conhecer um número elevado demais de suas obras. Pois não é preciso que vejas com teus olhos os seus segredos. Acautela-te de uma busca exagerada de coisas inúteis e de uma curiosidade excessiva nas numerosas obras de Deus" (Eclo 3,22-24).

E nem se fale de outros vícios, próximos da arrogância, como a inveja e a vaidade. São tentações conhecidas entre intelectuais. Da primeira fala-se correntemente em termos de *invidia clericorum*. Quanto à segunda, Sto. Tomás lembra que o diabo "engana a muitos, inflando-lhes o coração com o prestígio que confere o fato de ensinar"[57].

2) O objetivismo

Desse assunto já falamos quando, ao tratarmos da analogia, nos referimos às "armadilhas da linguagem e da imaginação" (Cap. 11/1). Trata-se da tendência, o mais das vezes inconsciente, de reificar os conceitos referentes a Deus, dando-os distraidamente por adequados à Realidade que entendem manifestar. Existe uma inclinação quase natural de nossa inteligência para a "idolatria conceitual". Deus e seu mundo passam a ser tratados como coisas que se examinam e se

---

56. Como se sabe, o velho PLATÃO dedica todo o final do livro I (637 b 8 e seg.) e todo o livro II das *Leis* à questão da disciplina da ebriedade.

57. *ST*, Suppl., q. 96, a. 7, obj. 3, citando a "Glossa ordinária": "(Diabolus) multos decipit honore magisterii inflatos". Contudo, S. Tomás replica (ad 3) que o prestígio do saber (*exaltatio*) pode ser "convertido em favor da utilidade dos outros", na medida em que "não se busca a própria glória".

podem manipular. Então falamos de Deus como se fosse um objeto qualquer que estivesse diante de nós. Analisamos o Mistério como se estivéssemos desenvolvendo um tratado de anatomia ou fisiologia, por vezes na mais absoluta falta de recato teológico.

No trato do Mistério o "espírito de geometria" é totalmente fora de lugar. O que vale aí é o "espírito de *finesse*", no rico sentido que tem a ideia de fineza ou delicadeza: respeito, apuro, elegância. Não se pode banalizar o discurso sobre Deus com a sem-cerimônia com que se fala das coisas corriqueiras[58].

Sabemos que, no fim de sua vida, depois de uma violenta crise existencial, Tomás de Aquino qualificou sua teologia de "pouca coisa" e, segundo outros testemunhos, de "palha". Sim, palha, se comparada com o "grão" sólido e precioso que lhe parecia ser a experiência mística que acabara de ter. Na verdade, toda teologia não passa disso – palha: palha que finalmente vai para o fogo, mas que, entretanto, serve provisória e humildemente para proteger o grão[59].

3) A tagarelice

Falamos aqui no perigo de intemperança discursiva em relação à teologia. O segundo mandamento "não tomar seu santo nome em vão" vale especialmente para o teólogo, o especialista da fala sobre Deus. Ele será bem atento à prescrição de M. Heidegger: "rigor de pensamento e economia de palavras". Nada mais fora de lugar que um teólogo atacado de incontinência verbal. Nada mais repugna ao Mistério que a tagarelice. Segundo K. Barth, "é mais fácil falar de Deus do que calar diante d'Ele."[60]

Contudo, a parcimônia das palavras não deve ser entendida em termos de quantidade, mas da qualidade. Pois não há talvez outro

---

58. Como ilustração, cf. Rubem ALVES, "Sobre deuses e caquis", in *Comunicações do ISER*, 32 (1988) 9-31.

59. Segundo o historiador Henri-Irénée MARROU, o testemunho mais seguro traz não *paleae videntur* (parecia-lhe palha), mas *modica videntur* (parecia-lhe pouca coisa): in *Théologie de l'histoire*, Seuil, Paris, 1968, p. 144.

60. Apud Italo MANCINI, *Teologia, ideologia, utopia*, Queriniana, Brescia, 1974, p. 101.

tema que mereceu mais falas do que o de "Deus". Mas sabemos quanto foi maltratado e trivializado! Em relação a Deus, muitos falam muito, mas não dizem nada. A esses Agostinho chama de "tagarelas mudos"[61]. O que importa no discurso da teologia é antes o *modo* de falar de Deus, o *espírito* com que se fala dele. É um modo contido, comedido, repassado de humildade e de sentido do limite. A linguagem religiosa deve mais "dizer", indicar ou revelar, do que "falar" ou discorrer.

Pode-se falar muito de Deus, mas na consciência de que toda palavra é imediatamente reabsorvida na sua infinitude e, de certa forma, consumada e consumida em sua insondabilidade. "Que pode dizer alguém que quer falar de Ti? – pergunta-se Agostinho, e continua: E contudo, ai dos que se calam a teu respeito!"[62]

Exemplo de humildade teológica: Agostinho

Esse homem, dos maiores gênios da Igreja e de toda a humanidade, não se envergonhou, no fim de sua vida (427/8), de rever criticamente seus 232 livros. São as *Retractationes* (Revisões). Declara no Prólogo que deseja corrigir coisas que "não deveria ter dito", para que assim também o leitor possa ver "como, escrevendo, tenha feito progressos."[63]

Alhures igualmente, convida o leitor a segui-lo somente na parte de verdade, assinalando com toda a honestidade: "Nem eu segui sempre a mim mesmo!"[64] E ainda: "Eu sou dos que escrevem progredindo, e progridem escrevendo"[65]. No livro *Sobre os casamentos adulterinos* declara:

> "Depois de ter examinado e discutido a fundo estes problemas segundo as minhas capacidades, reconheço entretanto que a questão do matrimônio é obscuríssima e intrincadíssima. Nem ouso sustentar que expliquei todas as suas reentrân-

---

61. *Confissões*, I, 4, 4 : "loquaces muti".

62. *Ibidem.*

63. *Retract.*, prol., 1.

64. *De dono perseverantiae*, 21, 55.

65. *Carta 143*, do ano 412.

cias..., ou que posso explicá-las nesse momento se alguém me perguntasse."[66]

Revendo mais tarde um outro escrito sobre o mesmo tema, torna a confessar:

> "Escrevi dois livros... sobre essa dificílima questão. (...) Sinto não ter chegado à solução plena da questão, por mais que possa ter esclarecido muitas questões complicadas."[67]

Mas nada mais proveitoso que ler a correspondência entre Sto. Agostinho e S. Jerônimo para perceber não só o que é fazer uma teologia livre e criativa, mas também a persistência desses gigantes na busca da verdade. Eis como o bispo de Hipona se dirige ao presbítero:

> "Estou longe de considerar-me ofendido se queres e podes demonstrar com razões sólidas que entendeste melhor do que eu... essa ou aquela passagem das sagradas Escrituras. Ao contrário, longe de mim não mostrar-me agradecido e enriquecido se tuas lições me instruem e tuas correções me emendam."[68]

Em seu grande tratado sobre a *Trindade*, diz abertamente:

> "Quanto a mim, não me envergonharei de aprender se me acho no erro... Por isso:
> prossiga comigo quem comigo está certo;
> procure comigo quem condivide minha dúvida;
> volte a mim quem reconhece seu erro;
> advirta-me quem descobre o meu."[69]

E respondendo a um jovem, Vicente Vítor, que o censurara por suas hesitações teológicas, adverte:

> "Não desprezes um homem que, para compreender realmente o que não compreende, compreende que não compreende... Portanto, filho, não desagrade à tua juvenil presunção o meu temor de ancião."[70]

---

66. *De Conjugiis Adulterinis*, 1, 25, 32.

67. *Retract.*, 2, 57.

68. AGOSTINHO, *Carta 73*, c. I, 1. Para a correspondência completa entre os dois doutores (uma dúzia de Cartas) cf. BAC, *Obras de San Agustín: Cartas*, Católica, Madri, 1951 e 1953, t. VIII e XI.

69. *De Trinitate*, 1,2,4-3,5.

70. *De anima et eius origine*, IV, 11, 15-16; do ano ca. 420.

COMPROMISSO COM O POVO

Teologia em função da Vida

Todo saber humano é serviço à Vida[71]. Eis um texto expressivo de S. Bernardo onde enumera e qualifica os vários tipos de saber:

> "Há os que querem saber só para saber
> – e isso é torpe curiosidade.
> Há os que querem saber para aparecer
> – e isso é torpe vaidade...
> Há ainda os que querem saber para vender sua ciência, por exemplo, em troca de dinheiro e de honras,
> – e isso é um torpe ganho;
> Mas há também os que querem saber para edificar
> – e isso é caridade;
> Há ainda os que querem saber para se edificarem a si mesmos
> – e isso é prudência."[72]

A prática teológica, com mais forte razão, não termina e nem pode terminar no puro saber, mas no compromisso da fé e da caridade, no ministério da Palavra, na diaconia da libertação, enfim na *praxis vitae*, como já insistimos (Cap. 13). O saber teológico é sempre um saber-para. Não basta, portanto, saber "o que", mas é preciso ainda saber o "para que" e "como". Tomás de Aquino diz: "Só sabe bem uma ciência aquele que sabe também como usá-la."[73]

A teologia mantém suas janelas bem abertas sobre o vasto mundo. Ela há de ter continuamente a realidade do povo sob as suas vistas, especialmente suas dores e suas lutas, suas "alegrias e suas esperanças" (cf. GS 1,1).

---

71. Cf. Alfred North WHITEHEAD, *The function of Reason*, Beacon Press, Boston, 1959, p. 5 e 8: "A função da razão é promover a arte da vida. (...) É a direção do ataque ao ambiente num tríplice impulso: de viver, de viver bem, de viver melhor". Este sentido "vitalista" da razão foi frisado, a seu modo, por F. NIETZSCHE. Para isso, cf. W. BROWN, *Vida contra a morte*, Vozes, Petrópolis, 1959, espec. p. 368-372, tendendo contudo para certo sensualismo. Mas o mais belo elogio da vida se encontra na Encíclica *Evangelium Vitae* (1995), de JOÃO PAULO II, espec. a citação do Pseudo-Dionísio, o Areopagita, no início do n. 84.

72. *Sermo 36 in Cant.*: PL 183, 968.

73. *Catena aurea*, 1Cor 8, 1-2.

Para a teologia, é decisiva a pergunta: *Cui prodest?* A quem interessa? Para que serve? Evidentemente, a resposta a tal pergunta não pode ser dada de modo precipitado ou imediatista. Há que resistir ao mero pragmatismo, especialmente nos anos de *formação básica*, em que deve haver, como dissemos, uma intensa concentração no estudo de assimilação. Mas dito e reconhecido isso, deve-se acrescentar com não menos força: toda verdade teológica deve ser fecunda e produzir vida.

A teologia é, portanto, um "ministério" e o teólogo, um servidor: servidor da Palavra em favor do Povo. Ele não é senhor da Palavra ou do Povo. Mas também não é escravo. É, sim, livre servidor do Evangelho da liberdade e da humanidade a ser libertada.

Alienação teológica

Vamos agora ao que se contrapõe a uma teologia "comprometida". Chamamos de teologia "alienada" uma teologia desligada da realidade que deve iluminar. É a teologia que se tornou um mero passatempo. Essa é uma teologia irresponsável, porque não assume suas tarefas próprias perante Deus e o Povo.

A alienação da teologia pode-se dar de duas formas: seja quanto ao modo, seja quanto ao conteúdo.

1) Alienação quanto ao modo: teologia pela teologia

É o caso de uma teologia autofinalizada: uma teologia puramente especulativa, no sentido negativo de meramente especular. Novo Narciso, o teólogo acaba se retratando a si mesmo.

Essa tendência se exprime particularmente na chamada "tentação arquitetônica". Consiste no prazer de construir sistemas por sua mera beleza ideal. Constrói-se uma gnose abstrata e ebúrnea. Tem-se então uma teologia brilhante, mas não iluminadora; inteligente, mas não verdadeira; uma teologia científica, mas não sábia. Exibe-se um belo desempenho teórico, mas nenhum empenho prático. Essa é uma teologia estéril e, por isso mesmo, inútil.

Isso acontece quando a teologia perde sua orientação vital, inclusive pastoral. Torna-se então uma teoria de tipo geométrico: pode ser lógica, mas é irreal. É um discurso balofo, não construtivo: incha sem edificar (cf. 1Cor 8,1). Essa é uma teologia fundamentalmente cínica, porque privada de sensibilidade frente ao drama humano: a fome de pão e a fome de Deus. Em vez de enfrentar as contradições da existência, refugia-se no esteticismo trivial. Ouçamos de novo Hegel:

> "A vida de Deus e o conhecimento divino podem, sem dúvida, ser descritos como um jogo de amor consigo mesmo. Mas essa ideia cai no nível do edificante e mesmo do insosso, quando lhe falta a seriedade, a dor, a paciência e o trabalho do negativo."[74]

2) Alienação quanto ao conteúdo: teologia inútil

É a teologia das questões ociosas, das insignificâncias, do que é irrelevante. Forma de "cultura inútil", passa a ocupar-se com ninharias, "secundariedades" de terceira, quarta e quinta categoria. O teólogo torna-se então, para falar como G. Papini, o "comissário do centro para a difusão dos conhecimentos inúteis". Estamos aqui no baixo plano do diletantismo teológico, a mania de se envolver com "questões fúteis e inúteis", que os antigos incluíam no vício da *curiositas*[75].

As Cartas Pastorais estão cheias de admoestações contra:

– os "discursos vãos" (1Tm 1,6);

– os "mitos e contos de comadre" (1Tm 4,7);

– as "conversas frívolas de coisas vãs" (1Tm 6,20);

– as "discussões vãs que de nada servem" (2Tm 2,14);

– as "conversas vãs e profanas" (2Tm 2,16);

– as "especulações tolas e desmedidas, que geram polêmicas" (2Tm 2,23);

– as "questões tolas..., inúteis e vãs" (Tt 3,9).

---

74. F. HEGEL, *Phénoménologie de l'Esprit, op. cit.*, Prefácio, p. 18.

75. Cf. AGOSTINHO, *Confissões*, l. X, c. 35; TOMÁS DE AQUINO, *ST* II-II, 167, a. 1 e 2: sobre a *curiositas*, o contrário da virtude da *studiositas*.

Portanto, a teologia, ou é comprometida com a Vida, ou não merece o nome que tem; ou produz frutos ou será "cortada e lançada ao fogo" (Mt 3,10; 7,19; cf. Jo 15,6).

Exemplos de teologia comprometida

Ilustrações de teologia comprometida são sem dúvida os chamados "teólogos da libertação". Foram eles que levaram mais longe, na teoria e na prática, a questão da vinculação da teologia e do teólogo com o Povo e sua caminhada libertadora. Há deles que trabalham no meio dos indígenas, outros dos favelados, outros ainda dos lavradores e operários. Alguns deles vivem mesmo nos próprios meios populares.

Mas outros teólogos também foram nisso exemplares. Aliás, se analisarmos bem, foram experiências concretas junto ao Povo que propiciaram as grandes viradas na vida de teólogos conhecidos. Poderíamos dizer que, por trás de uma grande mudança teológica, existe uma grande mudança prática. Ficando em algumas das grandes figuras do século XX, assim aconteceu:

- com K. Rahner († 1984), com seu trabalho no Instituto Pastoral de Viena;

- com M.-D. Chenu († 1991), com sua "descoberta do mundo", de volta a Paris, depois de seu exílio na Bélgica;

- com K. Barth († 1968), com sua experiência decisiva de pastor por dez anos em Genebra;

- com D. Bonhöffer († 1945), com suas experiências pastorais na Espanha, Estados Unidos e na periferia de Berlim, nas quais sempre uniu as tarefas de teólogo e de pastor;

- com Reinhold Niebhur († 1971), com seu trabalho pastoral entre operários de fábrica, nos Estados Unidos[76].

Seja-nos permitido dar aqui também o exemplo de Agostinho. Ele mesmo confessa ao "Doutor Máximo", S. Jerônimo, entre invejoso a humilde:

> "Pois não tenho e nem poderei ter a ciência das divinas Escrituras que vejo em ti. Tudo o que possuo dessa ciência tenho que empregá-lo, tão bem que mal, em proveito do Povo de Deus. As ocupações pastorais me impedem em absoluto de

---

76. Para a vida desses teólogos e de outros, cf. a bibliografia que daremos mais à frente, no início do Cap. 23.

entregar-me ao estudo com maior diligência do que a que requer a pregação ao povo."[77]

Contudo, o conhecido historiador H.-I. Marrou mostrou que, se Agostinho, "letrado da decadência", tivesse "perdido, em seus refinamentos, o contacto com a vida"; se não tivesse, como pastor, "descoberto o povo cristão, suas necessidades e seus problemas", não seria o teólogo poderoso e fecundo que é e que foi em toda a história da Igreja[78]. Não seria de se dizer que foi o povo que salvou Agostinho e seu gênio para a Igreja e a humanidade?

Quando fazer teologia é pecado

Pelo que vimos, podemos afirmar que a prática teológica não é incondicionalmente uma atividade santa. Pode antes ser também um campo de pecado. Lutero o tinha afirmado com toda clareza. Mas isso não era estranho aos grandes teólogos. Assim, Tomás de Aquino afirma em todas as letras: "Apesar de tudo, alguém pode pecar ao fazer teologia"[79]. E S. Boaventura: "Essa ciência, se não houver cumprimento por obras, não é útil, mas danosa."[80] Igualmente Duns Scotus: Sem favorecer a caridade, "uma teologia não só é inútil, mas perniciosa"[81]. K. Barth é igualmente atento à "tentação" que assalta o teólogo[82].

Poderíamos, portanto, dizer que o teólogo peca:

- quando fala ou escreve somente por vaidade, em busca de fama, carreira e promoção pessoal;
- quando desenvolve assuntos por mera curiosidade, assuntos ociosos, sem relevância para a vida eclesial;
- quando não estuda com seriedade, não tem profissionalismo, mas faz uma teologia apressada e sem consistência teórica;
- quando, sem se importar com o destinatário, usa uma linguagem abstrusa, que não "comunica", inutilmente preciosa;

---

77. AGOSTINHO, *Carta 73*, c. II, 5: BAC, *Obras de San Agustín: Cartas*, Católica, Madri, 1951, t. VIII, p. 421.

78. Henri-Irénée MARROU, *Saint Augustin et la fin de la culture antique*, Boccard, Paris, 1938, p. 336-339.

79. *In Boetium de Trinitate*, q. 2, a. 1: "Tamen potest in hoc peccare".

80. BOAVENTURA, *De donis Spiritus Sancti*, 4,19: apud Boaventura KLOPPENBURG, "A natureza da prática teológica no pensamento teológico escotista", in *Revista Eclesiástica Brasileira*, 53 (1993) 631-639, aqui p. 638.

81. Apud B. KLOPPENBURG, *art. cit.*, p. 637.

82. Cf. K. BARTH, *Introdução...*, *op. cit.*, p. 104-113: 12ª preleção.

– quando apresenta uma fé desencarnada, "alienada", sem relação com a pessoa, a vida, a história;

– quando em seu discurso deixa de levar em conta o pobre e sua libertação;

– quando teologiza intempestivamente, a saber: fora de tempo e de lugar;

– quando não é honrado com sua consciência profissional, forjando artificiosamente razões, com o objetivo de evitar incompreensões e críticas do *establishment*;

– quando fala demais ou cai nas banalidades acerca das realidades divinas;

– quando assume uma postura arrogante do sabe-tudo em relação aos grandes Mistérios da salvação;

– quando não escuta o outro: seja ele o Magistério, a Tradição, os colegas teólogos, o Povo fiel ou os Pobres, em particular.

RESUMINDO

Podem-se resumir as atitudes básicas para o estudo da teologia no esquema seguinte:

DISPOSIÇÕES PARA O ESTUDO DA TEOLOGIA

I. AMOR AO ESTUDO DA REVELAÇÃO	II. SENSO DO MISTÉRIO	III. COMPROMISSO COM O POVO
Desvios: – Pragmatismo – Fideísmo	**Desvios:** – Arrogância/ presunção – Objetivismo – Tagarelice	**Desvios:** – Alienação – Diletantismo – Utilitarismo
Símbolo: Livro: o Estudo	**Símbolo:** Claraboia: a Oração	**Símbolo:** Janela: a Realidade

LEITURA

S. GREGÓRIO NAZIANZENO:
Condições pessoais para o exercício da teologia[83]

<< Nem todos, ó ouvintes, estão em condições de filosofar sobre Deus, nem todos! Pois não se trata de empresa fácil, nem própria a quem se arrasta pelo chão. Digo mais: não é empresa de toda hora, nem para todos, nem a respeito de tudo. Deve, antes, restringir-se a determinado tempo, a determinadas pessoas e a uma determinada medida.

Não compete a todos, mas somente aos escolhidos e versados na contemplação (*theoria*) e aos que foram purificados de alma e corpo, ou, pelo menos, aos que estão em vias de sê-lo. Pois há perigo em, sendo impuro, se tocar o puro. Aliás, um olho doente é incapaz de fitar a luz do sol.

Quando se há de fazê-lo? Quando nos encontramos desembaraçados do lodo e do tumulto exterior, e a parte que em nós comanda (razão) não estiver sendo turbada por devaneios e imagens indignas. Pois do contrário estaríamos misturando letras formosas com letras disformes, e o odor dos perfumes com a imundície. A pessoa precisa de lazer para conhecer a Deus e ajuizar em boa hora do rumo a seguir na teologia.

Diante de quem fazê-lo? Diante dos que se ocupam seriamente com a referida tarefa e não diante dos que a tratam como uma coisa qualquer, como se fosse assunto, ela também, de uma conversa agradável, como por exemplo depois dos páreos, das representações teatrais, dos concertos, das satisfações do ventre e do que está abaixo do ventre. A teologia é uma ocupação imprópria para quem vê nela apenas uma forma de diversão, por uma parolice leviana e pela habilidade das controvérsias acerca de tais coisas.

A respeito de quê e em que medida se há de teologizar? Só a respeito do que estiver ao nosso alcance e na medida em que a disposição e a capacidade do ouvinte puder alcançar, para que não suceda que, assim como o ouvido e o corpo sofrem com o excesso da voz e o abuso da alimentação; ou, se preferires, assim como os carregadores se veem tolhidos por um fardo exagerado e a terra sofre com as chuvas por demais fortes, assim também os ouvintes se sintam como que oprimidos e embaraçados pelo peso dos discursos e percam o ardor inicial. >>

---

83. *Discursos teológicos*, 27, 3: PG 36, 13-16; e também Col. Sources Chrétiennes 250, Cerf, Paris, 1978, p. 76/77-78/79.

CAPÍTULO 17

História do termo "teologia" e suas lições

RESUMINDO

NA ANTIGUIDADE GRECO-ROMANA

1. NO GREGO ANTIGO:

– Teologia = hino de louvor aos deuses, ou proclamação do divino em geral.

– *Lição*: A teologia está ligada em suas raízes à oração e ao anúncio.

2. EM PLATÃO:

– Teologia = estudo crítico-racional dos deuses da mitologia, com o objetivo de criar bons cidadãos e bons dirigentes;

– Dois critérios de interpretação dos mitos: bondade e veracidade.

– *Lição*: a teologia é crítica, educativa e política.

3. EM ARISTÓTELES:

– Teologia = estudo do Ser mais excelente ou supremo. É o cume da filosofia.

– *Lição*: Deus é uma questão (também) racional, filosófica.

4. NOS ESTOICOS:

– Distinguem 3 gêneros de teologia:

   1. a *mitológica*: dos poetas e da plebe (criticada por Platão),

2. a *política*: dos agentes do Estado (criticada mais tarde pelo Apocalipse),

3. a *física*: dos filósofos; é a teologia racional.

– *Lição*: Ainda hoje a teologia possui essas três funções ou usos, embora sob nomes modificados.

NA ERA CRISTÃ

1. NO ORIENTE:

– Na Escola de Alexandria (Clemente e Orígenes) desponta o uso de "teologia" para o conhecimento cristão de Deus.

– Desde o século IV até hoje se distinguem:

1) "Teologia": estudo de Deus para dentro (Trindade),

2) "Economia": estudo de Deus para fora (História da Salvação).

2. NO OCIDENTE:

– Até a Idade Média pouco se fala em "teologia". Faz-se teologia sob o nome agostiniano de "Doutrina sagrada".

– Com Abelardo (séc. XII) começa-se a usar o termo para o estudo científico da fé. Mas S. Tomás prefere ainda "Doutrina sagrada".

– O uso de "teologia" só se generaliza a partir de Scotus (séc. XIV).

CONCLUSÃO GERAL

A teologia carrega as marcas de suas fontes:

1. Da fonte *cristã* veio-lhe o conteúdo: o Deus da fé (*teo*-logia);

2. Da fonte *grega* veio-lhe a forma: o estudo racional de Deus (*teo-logia*).

LEITURA I

PLATÃO:
Teologia: como falar corretamente da divindade[84]

<< Sócrates: Ó Adimanto, nem tu nem eu somos poetas neste momento, mas fundadores de um Estado. E os fundadores não têm obrigação de compor mitos, mas sim de conhecer os modelos (*typoi*) segundo os quais os poetas devem compor seus mitos, sem lhes permitir que se afastem deles.

Adimanto: É justo, mas eu gostaria de saber precisamente quais são os modelos que precisa seguir para falar dos deuses (*oì typoi perì theologías*).(...)

Sócrates: Esta será a primeira das leis (*nómoon*) e o primeiro dos princípios (*typoon*) relativos aos deuses, aos quais devem se conformar os narradores e poetas: que a divindade não é causa de tudo, mas unicamente do bem. (...)

O segundo princípio (*typon*) que deve regular os discursos ordinários e as composições poéticas relativas aos deuses, é que eles não são mágicos que mudam de forma e que eles não nos enganam com mentiras por palavras ou por ações. (...)

Adimanto: Dou inteira adesão a essas regras (*typous*) e estou pronto a tomá-las por leis (*nómois*). >>

LEITURA II

ARISTÓTELES:
Teologia: o saber mais excelente

<<Se existe uma realidade eterna, imóvel e separada, é evidente que compete a uma ciência teórica conhecê-la. Mas não compete à Física, que considera entes móveis, nem à Matemática, mas a uma disciplina anterior a uma e a outra. De fato, a Física verte sobre coisas separadas, mas não imóveis; algumas partes da Matemática tratam das coisas imóveis, mas talvez não separadas, antes

---

84. *República*, II, 378e – 383c. A palavra "teologia" aparece em 379a. Prossegue no livro III o discurso "teológico", agora diretamente voltado para a educação política.

incorporadas à matéria. Ao contrário, a Ciência Primeira verte sobre as coisas separadas e imóveis. (...)

Por isso, serão três as ciências teóricas (*philosophíai theooreetikái*): a Matemática, a Física e a Teologia (*theologikée*). Pois é evidente que, se em alguma parte existe algo de Divino, é numa natureza imutável e independente que é preciso buscá-lo. E é necessário que a ciência mais nobre (*timiootáteen*) seja a que tenha por objeto o gênero de realidade mais nobre. Assim, pois, há que antepor as ciências teóricas às demais ciências (*episteemóon*), e esta (a Teologia) a todas as outras ciências teóricas[85]. >>

<< O intelecto (*noûs*) parece ser a mais divina das realidades que se nos manifestam. Mas dizer como essa possa ser, isso comporta algumas dificuldades. De fato, se não pensa nada, que teria de sagrado? Seria como alguém que dormisse. (...) É claro que pensa aquilo que é o mais divino, o que vale mais que tudo e que não muda. (...) Mas se ele próprio é a coisa melhor, então ele se pensa a si mesmo. E seu pensamento é pensamento de pensamento (*kaì éstin `e nóeesis, noéeseoos nóeesis*)[86]. >>

LEITURA III

MARCOS VARRÃO:
Os três gêneros de teologia[87]

<< (Os três gêneros de teologia) chamam-se: o *mítico*, porque usado principalmente pelos poetas; o *físico*, porque o usam os filósofos; e o *civil*, porque o emprega o povo. No primeiro que mencionei (teologia *mítica* ou fabulosa), há muitas ficções contra a dignidade e natureza dos imortais. Nele se conta ter este

---

85. *Metafísica*, 1: VI (E), c. 1: 1026 a 10-23. Cf. também 1: XI (K), c. 7: 1064b 1-6, quanto às três classes de "ciências teóricas" (*theooreetikóon episteemóon*) e à excelência (*béltiston ghénos*) da ciência "teológica" (*theologikée*).

86. *Metafísica*, 1: XII (Lambda), c. 9: 1074 b 15-34.

87. Apud Sto. AGOSTINHO, *A cidade de Deus*, VI, 5: PL 41, 180-182. Retomamos as citações literais que faz Agostinho da obra enciclopédica em 41 livros (hoje só temos 3) *De Antiquitatibus*, de Varrão († 27 aC), deixando de lado as críticas interpoladas de recensor. A tradução é nossa (há uma trad. bras. *A Cidade de Deus*, Vozes/Federação Agostiniana Brasileira, Petrópolis/São Paulo, 1990, 2 partes, aqui Parte I, p. 241-242).

deus procedido da cabeça, aquele, da coxa, outro de gotas de sangue. Nele se lê que os deuses roubaram, cometeram adultério e serviram o homem. Finalmente, nele se atribuem aos deuses todas as desordens que podem acontecer não somente ao homem, mas ao homem mais desprezível.

O segundo gênero (teologia *natural* ou física) que assinalei é aquele de que os filósofos nos legaram muitos livros. Neles se fala sobre a essência, o lugar, o gênero, as qualidades dos deuses, se surgiram no tempo ou se são eternos, se constam de fogo, como acreditou Heráclito, se de números, como Pitágoras, ou de átomos, como diz Epicuro. E assim outras coisas que os ouvidos podem suportar melhor entre as paredes da escola, que fora, na praça.

O terceiro gênero (teologia *política* ou civil) é o que os cidadãos e de modo especial os sacerdotes devem conhecer e pôr em prática nas cidades. Nele se ensina a que deuses se há de render culto público e a que ritos e sacrifícios está cada qual obrigado.

A primeira teologia se adapta melhor ao teatro, a segunda ao mundo e a terceira à cidade. > >

CAPÍTULO 18

O que há de teologia na Bíblia

RESUMINDO

1. A Bíblia não é teologia, no sentido rigoroso do termo. Mas é teologia nestes três sentidos:

– no sentido *amplo* de "fala sobre Deus";

– no sentido *fontal*, enquanto nascente e norma de toda teologia;

– e finalmente no sentido de teologia *implícita*, em sua máxima parte.

2. A Bíblia contém várias *chamadas* no sentido de desenvolver um discurso teológico. É quando ela fala:

– do serviço dos "doutores" na Igreja (1Cor 12,28);

– do conhecimento pneumático dos Mistérios (Ef 3,4);

– da Sabedoria divina comunicada pelo Espírito (1Cor 2,7.10);

– da submissão de todo pensamento a Cristo (2Cor 10,5);

– da necessidade de exibir as razões da própria fé (1Pd 3,15);

– da importância de ensinar de modo convincente (Tt 1,9);

– da sabedoria do alto, pura e frutuosa (Tg 3,17);

– da Revelação concedida aos humildes (Mc 4,11; Lc 10,21);

– do repassar no coração, como Maria, os sinais de Deus (Lc 2,19);

– da Verdade revelada pelo Espírito ao longo da história (Jo 16,13).

LEITURA

SABEDORIA 9,13-18:
A sabedoria necessária aos humanos

<< [13] Qual ser humano poderia conhecer a vontade de Deus?
Quem poderia fazer ideia das intenções do Senhor?

[14] Os pensamentos dos mortais são hesitantes,
    precárias, nossas reflexões.

[15] O corpo, submetido à corrupção, entorpece a alma;
    o invólucro de terra é um fardo para o espírito solicitado em todos os
    sentidos.

[16] Já temos dificuldade em representar-nos as realidades terrestres,
    mesmo o que está a nosso alcance, descobrimo-lo com esforço.

E as realidades celestes, quem as explorou?
    [17] Quem teria conhecido tua vontade, se tu mesmo não concedesses
    a Sabedoria
    e das alturas não enviasses teu santo Espírito?

[18] Assim endireitaram-se as veredas dos habitantes da terra,
    os humanos foram instruídos no que te agrada
    e pela Sabedoria foram salvos. >>

CAPÍTULO 19

Os três caminhos para Deus, com destaque para a teologia natural

RESUMINDO

Para resumir esse capítulo, valha a figura abaixo, seguida de alguns comentários:

**OS TRÊS CAMINHOS CONCRETOS
PARA SUBIR A MONTANHA DO MISTÉRIO**

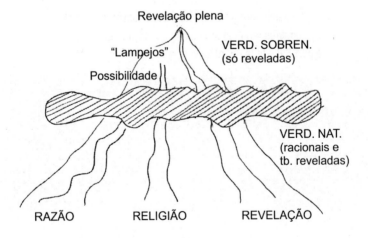

Comentários explicativos

1. O mistério de Deus é como uma *montanha* fascinante, cujo cume mergulha na nuvem luminosa e cuja invisibilidade se tornou visível a nossos olhos no Verbo Encarnado[88].

2. Uma *nuvem* divide o divino em duas áreas: a) a das realidades acessíveis à Razão (verdades naturais ou racionais), mas que se atingem também pela via da Revelação; b) e as realidades acessíveis apenas à Revelação, não podendo de modo algum serem alcançadas por via da Razão natural (verdades sobrenaturais ou reveladas). Portanto, entre as verdades religiosas reveladas, há as naturais ou racionais e as sobrenaturais ou transracionais[89].

3. Para subir a montanha do conhecimento de Deus há concretamente três caminhos: a Razão, a Religião e a Revelação (os 3 "r"s).

4. O *caminho da Razão*, que toma uma forma elaborada na filosofia, pode chegar até o nível da nuvem, isto é, só pode levar a conhecer as verdades naturais em relação a Deus, em concreto: sua existência e seus atributos essenciais. Quanto às verdades sobrenaturais ou reveladas, a razão natural só pode, ao máximo, colocar sua "possibilidade": é possível que o Mistério "tome a palavra", que Deus venha até nós. Nada mais pode dizer.

5. Já o *caminho da Religião*, ou melhor, das Religiões, pode, até certo ponto, passar a nuvem e "vislumbrar" o cume da Montanha sagrada. O próprio Magistério eclesial admite nas Religiões a presença de "lampejos" ou "clarões" da Revelação sagrada (NA 2,2); que nelas também se dá a "ação do Espírito" (RMi 29,3). Mas nelas ainda não resplandece a "plenitude" da Revelação divina.

6. Por fim, temos o *caminho da Revelação* mesma. É o próprio Mistério abrindo-se aos humanos e dando-se a eles. E esses respon-

---

88. Segundo palavras de JOÃO PAULO II, "À universidade católica de Louvain-la-Neuve", 21/15/85, in *Revue Théologique de Louvain*, n. 3 (1985) p. 397-399.

89. Notemos que a distinção natural-sobrenatural, problemática ao nível existencial, vale plenamente do ponto de vista lógico ou epistemológico, isto é, do conhecimento da verdade.

dem pela Fé, pelo que se pode falar também do *caminho da Fé*. Aqui temos a autocomunicação culminante, a revelação plena de Deus. É a via aberta a todos, desembaraçada, segura e pura.

7. A distinção entre os caminhos da Razão, da Religião e da Revelação não significa necessariamente *separação*. Do ponto de vista da Fé revelada, uma síntese é não só possível, mas necessária. A Fé cristã pressupõe, quer a Razão, como o cepo onde se enxerta, quer a Religião, como o solo onde se desenvolve. A fé assume criticamente a verdade interior dessas últimas vias, elevando-as ao nível superior do Reino.

LEITURA I

PASCAL:
Testamento[90]

<< Ano de graça de 1654. Segunda-feira, 23 de novembro, dia de S. Clemente, papa e mártir, e de outros do martirológio. Véspera de S. Crisógono, mártir, e outros. Desde cerca das 10 horas da noite até cerca da meia-noite e meia.

FOGO

Deus de Abraão, Deus de Isaac, Deus de Jacó,
não dos Filósofos e dos Sábios.
Certeza, convicção, sentimento, alegria, paz.
Deus de Jesus Cristo.
Deum meum et Deum vestrum.
O teu Deus será o meu Deus.
Esquecimento do mundo e de tudo, salvo de Deus.
Ele não se encontra fora dos caminhos ensinados pelo Evangelho.
Grandeza da alma humana.

---

90. O texto pode ser encontrado in *Revista Eclesiástica Brasileira*, 29 (1969), p. 540. O escrito foi achado por um criado após a morte de Pascal († 1662). Estava costurado dentro do forro de seu paletó e em duas cópias, uma em papel, a original, com sinais de muito uso, e outra em pergaminho, cópia da primeira, ambas da mão de Pascal. A tradução das frases em latim é respectivamente: "Meu Deus e vosso Deus"; "Abandonaram-me a mim, fonte de água viva"; e "Que eu não me esqueça de tuas palavras".

Pai justo, o mundo não te conheceu, mas eu te conheci.

Alegria, alegria, alegria, lágrimas de alegria.

Eu me separei dele.

Derelinquerunt me fontem aquae vivae.

Meu Deus, deixar-me-ás?

Que eu não seja separado de ti para sempre.

Esta é a vida eterna,

que te conheçam a ti somente, Deus verdadeiro,

e àquele que tu enviaste, Jesus Cristo.

Jesus Cristo.

Jesus Cristo.

Eu me separei dele.

Fugi-lhe, reneguei-o, crucifiquei-o.

Que nunca mais seja dele separado.

Submissão total a Jesus Cristo e a meu Diretor.

Eternamente em júbilo por um dia de trabalho sobre a terra.

Non obliviscar sermones tuos. Amém. >>

LEITURA II

MAX HORKHEIMER:
Teologia: "nostalgia do totalmente outro"[91]

<< ... Por detrás de cada ação humana está a teologia. (...) Uma política que não conserve em si, embora sob forma extremamente irreflexa, uma teologia, permanece em última análise, por mais hábil que seja, mero negócio. (...)

---

91. *Die Sehnsucht nach dem ganz Anderen.* Ein Interview mit Kommentar von Helmut Gumnior, Furche-Verlag H. Rennebach KG, Hamburg, 1970 (trad. it. *Nostalgia del totalmente altro*, Col. Giornale di Teologia 63, Queriniana, Brescia, 1972). O livro retoma o texto de uma entrevista dada à revista alemã *Der Spiegel*, 1-2/1970, p. 79-84. Horkheimmer († 1973) foi, com Theodor W. Adorno († 1969), um dos fundadores e dos principais exponentes da "Escola de Frankfurt" e de sua "Teoria crítica". Escreveu entre outras obras: *Dialética do Iluminismo* (1948), com Adorno, e *Por uma crítica da razão instrumental* (1967). O texto acima representa o último Horkheimer, que percebe os limites do messianismo marxista, enraizando a alienação não apenas na sociedade, mas na existência humana, e considerando a transcendência como um desejo da própria imanência humana, em particular, da liberdade.

Teologia significa a consciência de que o mundo é aparência, de que não é a verdade absoluta e definitiva. A teologia é – e aqui devo exprimir-me com toda a cautela – a esperança de que a injustiça, que caracteriza o mundo, não prevaleça para sempre, de que a injustiça não venha a ter a última palavra. Melhor: é a expressão de uma nostalgia, de um anelo de que o assassino não possa triunfar sobre a vítima inocente. (...)

No conceito de Deus foi conservada por séculos a representação de que existem outras medidas além daquelas que a natureza e a sociedade exprimem em sua atividade. O reconhecimento de um ser transcendente haure sua força maior da insatisfação sobre o destino humano. Na religião estão depositados os desejos, as nostalgias e as acusações de inumeráveis gerações. (...)

Não se pode secularizar a religião, sob pena de renunciar a ela. É uma vã esperança querer manter viva a religião, como era em seu início, com as atuais discussões na Igreja sobre a boa vontade, a solidariedade em relação à miséria, a aspiração por um mundo melhor... Resta para a religião tão somente... a nostalgia de uma justiça perfeita e consumada. Esta não pode jamais ser realizada na história. De fato, ainda quando uma sociedade melhor viesse a substituir a atual desordem social, não estará reparada a injustiça passada e não será eliminada a miséria da natureza circundante. (...)

A lógica imanente da história, assim como posso compreendê-la hoje, leva na realidade a um mundo administrado. (...) A total administração do mundo... tornará o mundo terrivelmente aborrecido. (...) Talvez a nostalgia do absoluto permanecerá num mundo administrado. De fato, também lá onde as necessidades materiais tiverem sido satisfeitas, permanecerá o fato de que o ser humano deve morrer. Nesse momento, ele será talvez consciente deste fato de modo particularmente agudo, justamente porque todas as suas necessidades materiais estarão satisfeitas. Talvez surja então uma genuína solidariedade entre as pessoas humanas, não só a solidariedade de uma determinada classe, mas de todos os seres humanos, a solidariedade que resulta do fato de que todos os humanos devem sofrer, devem morrer e que são seres finitos... (...)

Suprima-se a dimensão teológica, e desaparecerá do mundo o que chamamos de 'sentido'. Certamente, num mundo administrado, ferverá uma atividade intensa, mas no fundo será uma atividade destituída de sentido e, portanto, portadora de tédio. (...) >>

CAPÍTULO 20

As formas do discurso teológico

RESUMINDO

1. Se a teologia é o pensar da fé, então há muitas formas ou linguagens teológicas, segundo as funções na Igreja. Nessa linha podemos distinguir três tipos: a teologia *profissional*, a teologia *pastoral* e a teologia *popular*. São os três "p"s da teologia.

2. As diferenças mais importantes na forma de teologia situam-se na *lógica* de cada uma:

- a *profissional* segue a lógica *científica*. Por isso é mais elaborada e rigorosa;

- a *pastoral* segue a lógica da *ação*. É um discurso ligado organicamente ao trabalho de evangelização;

- e a *popular* se faz segundo a lógica da *vida*. É o discurso espontâneo e imediato da fé.

3. A diferença entre as duas teologias extremas, a profissional e a popular, está nisto: que a primeira é mais sofisticada, conceitual e fria, enquanto que a segunda é mais simples, concreta e calorosa.

4. Contudo essas três formas possuem uma *unidade*:

- quanto à *origem*, as três têm sua fonte na Palavra de Deus;

- e quanto ao *fim*, as três se destinam ao serviço da fé do Povo. Essa unidade pode ser constatada numa Assembleia pastoral: vê-se que existe aí uma integração viva entre os leigos (fortes no discurso do "ver"), os teólogos (fortes no discurso do "julgar") e os pastores (fortes no discurso do "agir").

5. Quando essa unidade orgânica se desintegra então:

– a teologia popular cai no sincretismo, fundamentalismo e espiritualismo;

– a pastoral deriva para a rotina e o autoritarismo;

– e a profissional torna-se alienada e alienante.

6. As funções do teólogo profissional frente ao povo é servi-lo: refletindo *por* ele (função vicária), *para* ele (função de ensino) e sobretudo *com* ele (função pastoral).

QUADRO ESQUEMÁTICO DAS TRÊS FORMAS

	TEOL. PROFISS.	TEOL. PASTORAL	TEOL. POPULAR
DESCRIÇÃO	Mais elaborada e rigorosa	Mais orgânica, ligada ao povo	Mais espontânea e difusa
LÓGICA	Da ciência	Da ação e vida	Da vida cotidiana
MÉTODO	Mediações: Analítica, Herm. e Prát.	Ver, Julgar e Agir	Confronto: Evangelho e Vida
LUGAR	Institutos teológicos	Centros pastorais	CEBs, grupos, movimentos
MOMENTOS ALTOS	Congressos teológicos	Assembleias pastorais	Encontros de base
PRODUTORES	Teólogos de profissão	Pastores e agentes pastorais	Animadores e leigos em geral
PRODUÇÃO ORAL	Cursos, assessorias	Palestras, relatórios	Testemunhos, celebrações
PRODUÇÃO ESCRITA	Livros, artigos	Pregação, docum. pastor.	Roteiros, cartas, etc.

LEITURA

KARL RAHNER:
Relação entre realidade e conceito na esfera da fé[92]

<< Nem todos podem ser teólogos especializados *strictu sensu*. Não obstante, o cristianismo deve ser algo que pode ser apreendido pessoalmente por todos. Deve, pois, haver, em princípio, uma introdução ao cristianismo a um primeiro nível de reflexão. (...) Pois a reflexão... não é mero luxo suplementar para o trato de especialistas.

Existe no ser humano inevitável unidade na diferença entre autopossessão originária e reflexão. (...) Não existe isoladamente o "em si" puramente objetivo de uma realidade, por um lado, e o conceito claro e "distinto" dessa realidade, por outro. (...) Quando amo..., quando tenho saudades, essa realidade humano-existencial é uma unidade originária... que não é mediada *adequadamente* através do conceito cientificamente objetivante que se faz sobre ela. Todavia devemos acrescentar que neste saber originário mesmo entra um momento de reflexão e, em sendo assim, de generalidade e de comunicabilidade espiritual...

A tensão entre saber originário e seu conceito... não é algo de estático. Tem uma história em duas direções:

1. A original autopresença a si do sujeito (...) busca sempre mais traduzir-se no conceito, no objetivado, na linguagem, na comunicação com outrem. Toda pessoa busca dizer a outrem, sobretudo à pessoa amada, o que ela está sofrendo. E assim nessa relação tensa entre saber originário e seu conceito... existe a tendência para uma maior conceitualização, para a linguagem, para a comunicação e, portanto, também para o saber teórico sobre si mesmo;

2. Mas existe também o movimento em direção oposta... Uma pessoa que foi formada por uma língua comum e que foi instruída e doutrinada desde fora talvez faça somente pouco a pouco a experiência clara do que está falando há bastante tempo. Somos precisamente nós, os teólogos, que sempre estamos

---

92. *Curso fundamental da fé*. Introdução ao conceito de cristianismo, Paulus, São Paulo, 1989, p. 26-29. Alteramos ligeiramente a tradução para torná-la didática e teoricamente mais clara. O texto mostra a diferença e também a relação entre a fé e a reflexão da fé, assim como a importância de todos, também os leigos, refletirem a fé, embora não explicite, como fizemos, as formas específicas dessa reflexão "teológica".

expostos ao perigo de falar sobre céus e terra... mediante um arsenal quase ilimitado de conceitos... e talvez nem tenhamos realmente entendido desde a profundidade de nossa existência aquilo de que realmente estamos falando. Neste caso, a reflexão, o conceito e a linguagem retêm uma essencial orientação para aquele saber original, para aquela experiência originária em que significado e experiência são ainda uma unidade.

(...) Existe também no seio da teologia, em unidade e diferença indissolúveis, esse duplo movimento. (...) Deveríamos adquirir um saber conceitual cada vez melhor sobre o que experimentamos e vivemos antes de toda conceitualização, ainda que não inteiramente sem ela. E, em direção contrária, deveríamos sempre de novo mostrar que todos os conceitos teológicos não tornam a realidade presente à pessoa desde fora, mas antes são a expressão daquilo de que já se fez experiência e por que a pessoa já passou nas profundezas de sua existência. > >

CAPÍTULO 21

As divisões da teologia e sua articulação

RESUMINDO

1. A unidade da teologia apresentou ao longo da *história* várias formas:

- na era dos Padres, era uma unidade *simples*;
- na Escolástica, uma unidade *complexa*;
- nos Tempos modernos, uma unidade *formal*, porque de fato fragmentada;
- e hoje, uma unidade *enciclopédica*.

2. A fragmentação da teologia em disciplinas mais ou menos autônomas se deve a várias causas, entre as quais:

- a especialização interna dos vários tratados;
- e mais ainda a dissociação da teologia em relação à vida da Comunidade.

3. A unidade da teologia se constrói a partir destes dois *princípios*:

- da Escritura, em sua base;
- da Vida cristã, em sua finalidade.

4. Seguindo o Vaticano II, temos concretamente *três grandes divisões* da teologia:

1) a Escritura, como "alma de toda a teologia": sua raiz e seu tronco;

2) a Teologia dogmática, como "ramo teórico" da teologia;

3) e as outras disciplinas, como "ramo prático".

Complemento:

Poderíamos representar a articulação das disciplinas teológicas sob a figura de uma árvore, assim:

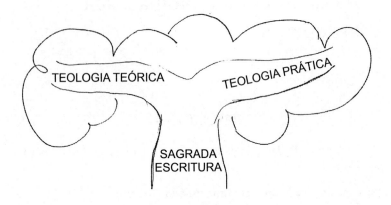

LEITURA

VATICANO II:
O sistema teológico segundo o "Optatam Totius"[93]

<< 16. As disciplinas teológicas devem ser ensinadas à luz da fé e sob a direção do Magistério da Igreja. Assim os estudantes podem acuradamente haurir da Revelação divina a doutrina católica, nela penetrar profundamente, torná-la alimento da própria vida espiritual, anunciá-la, expô-la e defendê-la no ministério sacerdotal.

Com particular diligência formem-se os estudantes no estudo da *Sagrada Escritura*, que deve ser como que a alma de toda a teologia. Após conveniente introdução, sejam iniciados cuidadosamente no método exegético, conheçam os temas principais da Revelação divina, recebam incentivo e alimento na leitura e meditação diária dos Livros sagrados.

Disponha-se a *Teologia Dogmática* de tal modo que sejam propostos em primeiro lugar os próprios temas bíblicos. Levem-se então ao conhecimento dos estudantes as contribuições que os *Padres* da Igreja do Oriente e do Ocidente

---

93. As notas de rodapé foram aqui omitidas.

deram para a fiel transmissão e desenvolvimento de cada verdade da Revelação e também para a ulterior História do dogma, considerando-se outrossim sua relação com a História geral da Igreja.

Em seguida, para ilustrar quanto possível integralmente os Mistérios da salvação, aprendam os estudantes a penetrá-los com mais profundeza e a perceber-lhes o nexo mediante a *especulação*, tendo Santo Tomás como mestre. Aprendam a reconhecê-los sempre presentes e operantes nos atos litúrgicos e em toda a vida da Igreja; a procurar as soluções dos problemas humanas sob a luz da Revelação; a aplicar suas verdades eternas à mutável condição das realidades humanas; e a comunicá-las de modo adaptado às pessoas de hoje.

As outras disciplinas teológicas sejam igualmente restauradas por um contacto mais vivo com o Mistério de Cristo e a História da Salvação. Consagre-se cuidado especial ao aperfeiçoamento da *Teologia Moral*, cuja exposição científica, mais alimentada pela doutrina da Sagrada Escritura, evidencie a sublimidade da vocação dos fiéis em Cristo e sua obrigação de produzir frutos na caridade, para a vida do mundo. Na exposição do *Direito Canônico* e no ensino da *História Eclesiástica* atenda-se igualmente para o Mistério da Igreja, segundo a Constituição Dogmática *De Ecclesia*, promulgada por esse Santo Sínodo. A *Sagrada Liturgia*, que deve ser tida como a primeira e necessária fonte do espírito autenticamente cristão, seja ensinada a teor dos artigos 15 e 16 da Constituição sobre a Sagrada Liturgia.

Tomando-se convenientemente em consideração as situações das várias regiões, sintam-se os estudantes levados a conhecer mais completamente as *Igrejas e Comunidades eclesiais separadas* da Sé Apostólica Romana, para poderem contribuir na restauração da unidade de todos os cristãos, segundo as normas deste Santo Sínodo.

Sejam iniciados também no conhecimento das outras *Religiõ*es mais espalhadas na respectiva região, para distinguirem melhor o que, por disposição divina, têm de bom e de verdadeiro, para aprenderem a refutar os erros e a comunicar a plena luz da verdade aos que não a possuem. > >

CAPÍTULO 22

Modelos históricos de prática teológica

RESUMO ESQUEMÁTICO DOS MODELOS HISTÓRICOS

1. CORRENTES	2. GÊNERO	3. PROBLEMÁTICA	4. DESTINATÁRIOS
I. PATRÍSTICA	*INTELLECTUS, COGITATIO, GNÓSIS- SAPIENTIA*	SOTERIOLOGIA CRISTOLOGIA TRINDADE	POVO DE DEUS
Monástica	*Meditatio*	Espiritualidade	Monges e clero
Bizantina	Coment. dos Padres	Encarnação Divinização	Povo cristão
II. ESCOLÁSTICA	*RATIO, SCIENTIA, QUAESTIO*	CONJUNTO DA DOCTRINA CHR.	CRISTANDADE ESTUDANTES
Escolástica posterior	*Disputatio* Manuais (teses)	Tratadística: Assuntos isol.	Seminários Clero
Teologia da Reforma	*Disputatio*	Sagr. Escrit. espec. Paulo	Cristandade
III. TEOLOGIA MODERNA	REFLEXÃO ENSAIOS	ANTROPOLOGIA	HOMEM MODERNO
TEOL. DA LIB.	CRÍTICA E PRÁTICA	FÉ LIBERTADORA	PREFER. POBRES

(cont.)

5. OBJETIVO	6. MEDIAÇ. CULT.	7. TIPO DE TEÓL.	8. REPRESENTANTES
EDUCAÇÃO DA FÉ	HELENISMO: PLATONISMO ESTOICISMO	PASTOR	ORÍGENES AGOSTINHO
Edificação espiritual	*Neoplatonismo*	Monge	Bernardo Os Vitorinos
Gnósis	Alegorismo	Contemplativo	Pálamas Cabasilas
SISTEMA DOUTRINÁRIO: SUMA	*RATIO* METÓD.: ARISTOTÉLICA, PLATÔN.-AGOST.	DOUTOR	TOMÁS DE AQ. BOAVENTURA DUNS SCOTUS
Defesa da fé	Filos. escol. + ciênc. posit.	Polemista	Belarmino Esc. Salamanca
Reforma ecles.	Ciênc. posit.	Reformador	Lutero Calvino
INCULTURAÇÃO NA MODERNIDADE	CULT. MODERNA	PENSADOR	SCHLEIERMACHER BARTH RAHNER
COMPROMISSO	CIÊNCIAS SOC.	INT. ORGÂNICO	GUTIÉRREZ

EXPLICAÇÃO DOS MODELOS[94]

Identificamos três *modelos maiores* de fazer teologia: a Patrística, a Escolástica e a Teologia atual. Quando confrontados, deixam emergir claramente seus traços distintivos. Cada um revela a maneira de teologizar correspondente à sua época. Poderíamos, grosso modo, dizer que a Patrística é a teologia do primeiro milênio; a Escolástica, do segundo milênio e a Teologia atual, do terceiro milênio.

Importa também notar que os dois primeiros modelos maiores possuem duas variantes ou "modulações". A Patrística se desdobra em Grega e Latina e a Escolástica em Tomista e Franciscana (só mais tarde entra a Suareziana).

Acrescentemos ainda que, entre um modelo maior e outro, aparecem *modelos menores*, os quais também vão por pares. Assim, entre a Patrística e a Escolástica, temos a Teologia Monástica e a Bizantina; entre a Escolástica e a Atual, temos a Escolástica Posterior e a Teologia da Reforma.

Para uma leitura mais proveitosa do esquema acima, vão, logo a seguir, algumas explicações. Limitamo-nos aos modelos maiores, bastando para os modelos menores as indicações do esquema.

1. Modelo patrístico

Corresponde à Antiguidade, mais precisamente ao primeiro milênio. Foi a primeira grande teologia, a da "Igreja una", antes do cisma do Oriente (1054). Sua idade de ouro é o século IV.

---

94. Para elaborar esses modelos nos servimos espec. de: Yves CONGAR, *La foi et la Théologie*, Desclée, Paris, 1962, III Parte: "Breve história da teologia": p. 207-272; José María ROVIRA BELLOSO, *Introducción a la Teología*, Col. BAC/Manuales 1, s.e., Madri, 1996, p. 58-70; Wolfgang BEINERT, *Introducción a la teología*, Herder, Barcelona, 1981, 25-45 e 196-203; José COMBLIN, *História da teologia católica*, Herder, São Paulo, 1969, p. 5-136; Cipriano VAGAGGINI, *Teologia*, in Giuseppe BARBAGLIO – Severino DIANICH (ed.), *Nuovo Dizionario di Teologia*, Paoline, Milão, 1985, p. 1607-1655; G. MATHON – Ch. DUQUOC, *Théologie*, in G. MATHON – G.H. BAUDRY (dir.), *Catholicisme*, Letouzey et Ané, Paris, 1996, t. XIV, col. 1009-1099. Cf. ainda Ghislain LAFONT, *Histoire théologique de l'Église catholique. Itinéraire et formes de la théologie*, Col. Cogitatio fidei 179, Cerf, Paris, 1994.

A primeira escola de teologia sistemática foi o "Didaskaleion" de Alexandria, fundado no fim do século II. Orígenes, seu maior representante, nos dá a primeira síntese dogmática, em *Dos Princípios*.

O modo de fazer teologia dos Padres se prolongou na chamada Teologia Monástica e, mais tarde, na Escola Franciscana. É, na verdade, um modo permanente de fazer teologia. Ainda hoje há teólogos que teologizam ao modo sapiencial dos Padres, como J.H. Newman, R. Guardini, K. Barth e D. Bonhöffer.

Gênero

A teologia é aqui concebida como *cogitatio fidei* no sentido da "ruminação" dos Mistérios da fé. Não é ainda reflexão sistemática, a não ser num ou noutro tratado (Trindade, Divindade de Cristo, Espírito Santo, etc.).

A *sapientia* ou, se quisermos, a *gnôosis*, como compreensão globalizante, saborosa, íntima e intuitiva da fé, é o modelo da "razão" dos Padres. Mais do que de *ratio* (*logos*), trata-se aqui do *intellectus* (*noûs*). Trata-se de uma espécie de "contemplação intelectual" (*theoria*), onde um pensamento autoimplicativo esposa a quentura do seu tema.

Problemática

É o tempo dos quatro ou, melhor, dos sete primeiros grandes Concílios, onde se discutem sobretudo questões cristológicas e em geral as trinitárias, vistas em relação à salvação. Contudo, os Padres abordam também outros problemas teológicos que a vida concreta das igrejas vai suscitando. Em geral, escrevem impelidos pelas heresias que aparecem. Daí o tom por vezes polêmico de seus escritos.

Destinatários

É em geral o Povo de Deus, de que os Padres são responsáveis. Mas pode acontecer que os destinatários sejam outros pastores, simples amigos ou monges, como se vê pela correspondência epistolar.

Objetivo

Os Padres, porque verdadeiros "pais na fé", são os "educadores" da Igreja (Y. Congar). Escreveram para fazer a consciência da fé crescer, até adquirir a estrutura interior que hoje tem. Foi em seu tempo e por obra deles que se estabeleceram as quatro instituições básicas da Igreja: o cânon das Escrituras, a regra da fé (Credo), o quadro estrutural da liturgia e a forma fundamental da teologia cristã[95].

Mediações culturais

Apesar de suas reservas evidentes e até explícita rejeição em relação às filosofias antigas, os Padres são filhos da cultura do tempo. Ora, esta era profundamente impregnada do helenismo do tempo, com seu duplo corte: platônico e estoico. Em alguns há influências claras de aristotelismo, como em Cirilo de Alexandria († 444), Leôncio de Bizâncio († 534), João de Damasco († 749) e Fócio († 892).

Tipo de teólogo

Os Padres são em sua grande maioria bispos. São, portanto, Pastores e como tais é que teologizam. Sua preocupação central é a construção da Comunidade e sua missão no mundo.

Representantes

As duas maiores inteligências da Patrística são, sem dúvida alguma, Orígenes, para o Oriente, e Agostinho, para o Ocidente. Esses dois merecem, sem contestação, o título de "gênios".

2. Modelo escolástico[96]

Corresponde à Idade Média. Seu apogeu se situa no século XIII. Foi quando a teologia entrou na universidade e se fez disciplina escolar ao lado de outras disciplinas: as artes (a filosofia), a medicina e o direito. Era, aliás, considerada a "rainha" de todas elas.

---

95. Cf. Joseph RATZINGER, *Natura e compito della teologia*, Jaca Book, Milão, 1973, p. 157-160.

96. Cf. Martin GRABMANN, *Die Geschichte der scholastischen Methode*, Herder, Freiburg in Breisgau, 1909; nova ed. Berlim, 1957 (trad. it. *Storia del metodo scolastico*, La Nuova Italia, Florença, 1980).

Gênero

A teologia desenvolve a inteligência da fé na forma das *rationes*. Arranca das *auctoritates*, especialmente dos *articuli fidei*, e se constrói como o sistema de uma *scientia*. Vem travejada pelas *quaestiones*, que nascem nos interstícios da *lectio* da Sagrada Escritura e se prolongam nas *disputationes*.

Problemática

Sendo ciência, a teologia busca a sistematicidade. Daí por que sua temática entende cobrir toda a área da fé, ou seja, a *Doctrina Christiana* por inteiro. O ambiente acadêmico em que se desenvolve, fora da vida normal, favorece uma visão teórica da fé, visão de conjunto e bem equilibrada, mas perdendo em fecundidade pastoral e histórica.

Destinatários

Os Doutores escolásticos têm diante dos olhos a *societas christiana*, integrando, na confissão cristã, Igreja, Estado e sociedade civil. Nesse sentido, a Escolástica não era sem significação política, e nem sempre de modo indireto. Os destinatários imediatos, contudo, eram os *estudantes*, que na verdade representavam a elite da época, seja clerical, seja leiga, constituindo esta de fato a burguesia ascendente.

Objetivo

O que queria a Escolástica era dar racionalmente conta da fé, chegar ao sistema teórico da *Doctrina christiana*. Essa intenção tomou forma nas famosas *Sumas* que produziu.

Mediações

O instrumento orgânico da Escolástica foi a "dialética", entendida como o uso metódico da razão. A forma concreta dessa razão era no tempo o Aristotelismo, primeiro em seus tratados lógicos e depois nos conteudísticos: metafísica, ética, política e cosmologia.

Contudo, Platão permaneceu como a referência principal de algumas correntes, como a dos Vitorinos e a dos Franciscanos. Era, porém, um Platonismo moldado por Agostinho, a grande autoridade patrística de toda a Idade Média.

Tipo de teólogo

É o tipo adequado ao seu lugar de produção, a escola, a academia. É, pois, o Doutor, ou, como se dizia então, o *Magister in Sacra Pagina*. É uma figura muito diferente da dos Padres, ainda que não excluísse de todo o ofício da pregação.

Representantes

Santo Tomás († 1274) é o doutor escolástico mais influente na história. Todavia, a Escola Franciscana possui grandes figuras: além do Mestre Alexandre de Hales († 1245), sobressaem S. Boaventura († 1274) e o Beato João Duns Scotus († 1308).

Nota sobre a Escolástica Posterior[97]

Essa corrente (séc. XVI) tomou duas orientações:

- uma mais *especulativa*, seguida pelos grandes tomistas: Capréolo († 1444) e João de Santo Tomás (português, † 1644), ambos dominicanos, e que decaiu na chamada "teologia das conclusões";
- e uma mais *positiva*, animada por um claro interesse apologético, de que o jesuíta Petávio ou Petau († 1652) é o representante mais qualificado.

Melchior Cano († 1560) realizou a síntese de duas orientações. Mas seu método em seguida se degradou na forma de uma teologia que via a Escritura e as outras autoridades da fé, não como princípios para construir a teologia, mas como materiais para calçar teses preconstituídas. É a chamada teologia da *thesis probatur*, que depois foi acrescida compensatoriamente, em alguns autores como Contenson († 1674), do *scholion pietatis* (apêndice da piedade).

Cumpre dizer que no século XIX surgiu a Neoescolástica, nascida em Lovaina (Bélgica) e homologada por Leão XIII com a Encíclica *Aeterni Patris* (1879) e que teve em Billot, SJ, e Garrigou-Lagrange, OP, os maiores

---

97. Cf. C. VAGAGGINI, *Teologia, op. cit.*, p. 1628-1632.

expoentes. Mas é evidente que a esta altura a teologia já está vivendo num autêntico *apartheid* cultural.

3. Modelo da teologia moderna

Dizemos teologia "moderna", não simplesmente por se tratar de uma corrente atual, mas porque tal teologia se quer contemporânea dos desafios, seja pessoais, seja sociais, que a modernidade coloca à fé[98]. Efetivamente, há teologias "atuais" que não são "modernas", mas apenas repristinações de teologias culturalmente peremptas, como a Neoescolástica ou a Apologética, tais como são ainda administradas hoje em alguns institutos de formação.

Gênero

A Modernidade, especialmente em seu apogeu iluminista, se caracteriza pelo culto da razão emancipadora, ligada às ideias da ciência e do progresso. Pensando na atual cultura moderna, podemos falar mais largamente de *reflexividade* como tipo de sua racionalidade. Trata-se de um saber crítico e autocrítico. Aplicando-se inicialmente também ao campo da ética e da religião (e nem sempre em sentido negativo), a *ratio* moderna acabou reduzida a um saber "instrumental", sobretudo "tecnoeconômico"[99]. Sendo no fundo uma "razão de poder", necessita ela mesma de crítica e de superação, partindo da interrogação metafísica sobre a essência da verdade[100].

---

98. Falamos aqui em "modernidade" no sentido largo, compreendendo inclusive o que hoje se chama de "pós-moderno", que pode ser compreendido como forma de "alta modernidade", "modernidade radicalizada", "avançada" ou "tardia", segundo concepção de Antony GIDDENS, *As consequências da modernidade*, Ed. UNESP, São Paulo, 1991, p. 51-58, espec. o interessante quadro comparativo "pós-modernidade" e "modernidade radicalizada": p. 150.

99. Cf. David TRACY, "Dar nome ao presente", in *Concilium*, 227 (1994/1) 66-87, aqui p. 70-74.

100. Cf. Giuseppe COLOMBO, *Perché la teologia*, La Scuola, Brescia, 1980, p. 81-84: Modernidade como "cultura do poder". R. FABER, *Abendland. Ein Kampfbegriff,* Hildesheim, 1979, mostrou que o "Ocidente" é também uma ideologia de luta, de *hybris*, domínio e expansão. Deve-se referir aqui também M. Heidegger e toda sua crítica ao *Vernunft* (razão) como inimigo do *Denken* (pensar).

O gênero "ensaio", que a teologia moderna prefere adotar, se presta melhor ao esforço trabalhoso e ingente (porque urgido a problemas acumulados pelo atraso histórico) de confrontar a *ratio fide illustrata* com a racionalidade moderna. Nesta teologia, raras são as sínteses fortes, mas essas ainda podem-se ver em K. Barth, P. Tillich e U. von Balthasar.

Problemática

As teologias modernas apresentam grandíssima variedade. Por isso é mister aqui falar no plural. Contudo, na medida em que levam realmente a sério a problemática moderna, têm como referência comum a atenção, não mais ao polo *ontológico* ou objetivo da fé (doutrina), mas sim ao seu polo *antropológico*, ou seja, à sua dimensão humana, pessoal, subjetiva, imanente, vivencial, experiencial ou prática. Fala-se nesse sentido da "virada antropológica" da teologia[101].

---

101. Nisso, a teologia protestante, com F. Schleiermacher († 1734), se antecipou, na passagem do séc. XVIII-XIX, à católica, a qual só enfrentou o diálogo teológico com a razão moderna no séc. XX, após a restauração da escolástica no fim do séc. XIX. Karl RAHNER é o teólogo católico mais significativo da "virada antropológica", e isso desde 1937, com seu *Ouvinte da Palavra*, publicado em 1941, onde funda o método teológico-transcendental, segundo o qual toda afirmação sobre Deus implica numa afirmação sobre o ser humano. Mas a data formal da "virada antropológica" de Rahner pode ser fixada em 1966, quando de sua conferência em Chicago sob o título "Teologia e Antropologia", que se pode encontrar em K. RAHNER, *Teologia e Antropologia*, Paulinas, São Paulo, 1969, cap. 1, p. 13-42 (trad. it. in *Nuovi Saggi*, III, Paoline, Roma, 1969, p. 45-72). Cf. mais amplamente: VV.AA., *Dimensione antropologica della teologia*. Atti del IV Congresso ATI, Milão, 1991; J. SPLETT, "Anthropo-Theologie", in *Theologie und Philosophie*, 48 (1973) 351-370. É conhecida a reação de K. Barth e de seus seguidores ao antropologismo moderno. A conversão redutora e sem resto da teologia em antropologia já fora o programa de L. FEUERBACH, para quem "o segredo da teologia é a antropologia", e foi também a herança assumida alegre e apressadamente por K. MARX e Cia. Confessa Feuerbach: "A finalidade de meus trabalhos é fazer dos homens não mais teólogos mas antropólogos, levá-los do amor de Deus ao amor dos seres humanos, das esperanças do além ao estudo das coisas do aquém": apud Boaventura KLOPPENBURG, *O cristão secularizado*, Vozes, Petrópolis, 1971, p. 58. Em carta ao pai em 22 de março de 1825, quando tinha 21 anos, falando da teologia que tinha feito, escreve: "É uma bela flor murcha..., uma etapa hoje superada de minha formação, uma determinação de meu ser já desaparecida... Ela não me entrega mais meu pão cotidiano, o alimento necessário para meu espírito... A Palestina é por demais estreita para mim": apud Marcel XAUFFLAIRE, *Feuerbach et la théologie de la sécularisation*, Col. Cogitatio Fidei 45, Cerf, Paris, 1970, p. 31. Ver também aí as respostas de S. Kierkegaard e K. Barth ao redutivismo feuerbachiano (p. 307-318).

Contudo, tal preocupação pelo "antropológico" se dá em dois níveis: no nível *individual*, preferido pelas teologias de corte "liberal"; e no nível *social*, privilegiado pelas "teologias sociais". O que as teologias modernas querem saber agora é o que vale, significa ou implica a verdade da fé *para mim*, ou então *para nós*[102].

O Vaticano II, com sua intenção declaradamente "pastoral", quis responder a essa preocupação da cultura moderna. Não se trata, segundo o Concílio, de *renunciar* à fé objetiva, mas antes de *reanunciá-la* aos homens e mulheres *de hoje*. Por isso, o Concílio não se centrou na *doutrina*, mas na *vida* de fé. Sua grande divisa foi o *aggiornamento*, a renovação.

E é nessa linha que se situa a proposta teológico-metodológica sugerida pelo Vaticano II, que põe em jogo três momentos fundamentais, que já mencionamos (Cap. 21), o 3º dos quais é precisamente a atualização vivencial da fé[103]. Neste sentido, a "teologia moderna" se reaproxima do "modelo gnóstico-sapencial" dos Padres, que foi, aliás, também o modelo do Novo Testamento, da Primeira Idade Média e inclusive da Idade Média "monástica"[104].

À diferença da Teologia antiga, a atual tem naturalmente sua *particular sensibilidade histórica*, marcada justamente pela cultura moderna. Por isso põe em destaque:

– o *sujeito* como ponto de partida de sua reflexão e não apenas como ponto de chegada, como era no modelo patrístico;

– a dimensão *secular* das "realidades terrestres" ou a autonomia das "causas segundas";

– o senso de *historicidade* nas várias formas da fé;

– a sensibilidade *social*;

---

102. Para caracterizar a dimensão antropológica da teologia moderna, cf. G. VAGAGGINI, *Teologia*, *op. cit.*, p. 1632-1650, aqui p. 1647. Para uma visão sintética da teologia hoje, cf. Franco ARDUSSO, *Teologia contemporanea*, in Giuseppe BARBAGLIO – Severino DIANICH (ed.), *Nuovo Dizionario di Teologia*, Paoline, Milão, 1985, 4ª ed., Supplemento 1, 1982, p. 2051-2067. Afirma que as teologias modernas têm duas preocupações: retomar a Palavra de Deus e confrontar-se com a Cultura moderna.

103. Segundo C. VAGAGGINI, *Op. cit.*, p. 1645, em base a OT 16,3. Sintomático é o fato de que Y. Congar se sentiu na obrigação de, após o Vaticano II, inserir um folheto em seu livro *La foi et la théologie*, editado em 1962, para dizer que hoje, além de se rever a ideia de Revelação, se deveria também rever a teologia da fé, pensando-a "em sua relação com o homem".

104. Cf. C. VAGAGGINI, *Op. cit.*, p. 1607-1620.

– a atenção às questões da *linguagem* e da *interpretação* (hermenêutica);

– a intenção *prática*[105].

Destinatário

É o "mundo moderno", enquanto secularizado e pluralista. Trata-se então de uma teologia *ad gentes, ad neopaganos*. Ela visa a evangelização, mais propriamente, a "Nova Evangelização"[106].

Uma linha da teologia moderna, da "primeira ilustração", dirige-se ao "homem moderno" como tal, enquanto outra, a da "segunda ilustração", volta-se para as vítimas da modernidade: os excluídos. Assim, entre outras, a Teologia da Libertação[107].

Objetivo

A teologia moderna busca "inculturar" a fé no universo da modernidade, que nasceu de matrizes cristãs, mas que delas se "emancipou" parcial ou totalmente.

Mediações culturais

A teologia moderna entende assumir o *logos* da modernidade enquanto *logos* "positivo", isto é, na medida em que "põe adiante" o peso próprio das realidades naturais e humanas. Busca, contudo, su-

---

105. Cf. INSTITUTO DIOCESANO DE ENSINO SUPERIOR DE WÜRTZBURG, *Teologia para o cristão de hoje*, Loyola, São Paulo, 1979, vol. VI: "Problemas fundamentais e temas centrais da teologia moderna", aqui p. 91-140.

106. "Nova Evangelização" é o grande lema do pontificado de João Paulo II: *Redemptoris Missio*, n. 33-34 e *Chistifideles Laici*, n. 34. Foi também um dos grandes temas da IV CELAM (1992): *Documento de Santo Domingo*, n. 23-30, 97 e 129-131. Mas a problemática já tinha sido muito bem captada por PAULO VI na *Evangelii Nuntiandi*, n. 52, 55-56.

107. Diferença de destinatários ressaltada por Gustavo GUTIÉRREZ, como notamos no Cap. 13. Para isso cf. também Raúl VIDALES, *El sujeto histórico de la teología de la liberación*, in Jorge V. PIXLEY – Jean-Pierre BASTIAN (ed.), *Praxis cristiana y production teológica*, Sígueme, Salamanca, 1979, p. 17-30. A "primeira Ilustração" ficou no esclarecimento racional; a "segunda Ilustração" quis passar para o plano da realização histórica da razão: cf. Francisco TABORDA, "Fé cristã e Práxis histórica", in *Revista Eclesiástica Brasileira*, 41 (1981) 250-278, aqui p. 251-252.

148

perar seus limites em direção de um pensar aberto ao transcendente, embora esse intento nem sempre tenha tido êxito (teologia liberal, teologias da práxis redutoras).

A nível da *Mediação Filosófica*, a teologia moderna tem com a filosofia uma relação tópica, fragmentada, inclinando-se para o ecletismo. O próprio Vaticano II, nesse campo, mostrou-se pouco definido, ainda que, ao mesmo tempo, aberto (cf. OT 15).

Tipo de teólogo

O teólogo moderno pode ser qualificado como "pensador" religioso. Não é o doutor antigo, dono de uma sólida cultura sintética. Longe dele a ideia de um pensamento desligado da problemática cultural do tempo. Seu lado forte é exatamente o *propter homines* da fé. Nesse sentido, além de pensador ou, melhor, como pensador, o teólogo moderno é visto como um guia das consciências ou um mestre do pensar, mas sempre no contexto do diálogo cultural.

Representantes

Podemos aqui indicar, em primeiro lugar, o chamado "pai da teologia liberal": F. Schleiermacher, e ainda dois dos maiores teólogos das igrejas evangélica e católica: respectivamente Karl Barth e Karl Rahner.

O MODELO PARTICULAR DA TEOLOGIA DA LIBERTAÇÃO

A corrente da teologia moderna que resultou num modelo mais definido de teologizar parece ser a Teologia da Libertação, a qual é inclusive articulada em nível mundial[108]. Não que seja um modelo maduro, mas seu perfil epistemológico já se encontra suficientemente caracterizado para

---

108. É pela linha da Teologia da Libertação que se pauta a Associação Ecumênica dos Teólogos do Terceiro Mundo (ASETT; em inglês EATWOT).

merecer a atenção de quantos estudam os "modos de fazer teologia" na história.

Acresce que muitas teologias que refletem os desafios sociais do mundo de hoje, como as teologias feminista, negra, indígena, contextual, política e ecológica, sentem-se afinadas com a Teologia da Libertação e algumas se colocam mesmo no seu interior: teologia negra da libertação, teologia da libertação da mulher, etc. Desta sorte, essa teologia acaba representando uma constelação de teologias diversificadas, constituindo umas o núcleo mesmo dessa teologia e outras gravitando ao redor dela, segundo órbitas distintas.

No concreto, a Teologia da Libertação é a teologia que se propôs a enfrentar uma das maiores questões colocadas à fé na atualidade: a "questão social", mais precisamente, a libertação das massas em relação a suas maiores opressões sociais. Essa é uma questão pela qual a teologia foi desafiada, com toda a força, praticamente nas vésperas do terceiro milênio, e que a ocupará provavelmente (e infelizmente) ainda bastante tempo.

Vale lembrar que a originalidade da Teologia da Libertação é "radical", no sentido de residir na raiz de seu método: o compromisso concreto com o pobre real, compromisso esse vivido espiritualmente como um ver a Deus no pobre e ao pobre em Deus. A partir daí, desse "ponto zero da teologia", todos os outros traços dessa corrente adquirem uma cor e um sentido bem caracterizados.

Mas fique bem claro: assim como os grandes modelos anteriores constituem, do ponto de vista da substância, teologias *totais*, embora com acentos distintos em função do contexto histórico, assim também a Teologia da Libertação: é uma teologia *integral*, ainda que dê uma ênfase particular à dimensão *social* da fé. Ora, na medida em que essa dimensão é *integrante* da fé, toda teologia cristã há de necessariamente contemplá-la.

Mas se a Teologia da Libertação se mantém ainda como teologia *distinta*, isso se justifica tão somente enquanto *memória*, na Igreja e na esfera teológica em particular, dessa exigência constitutiva do Cristianismo, que é a evangélica preferência pelos pobres, e enquanto realça essa exigência em contextos sociais e históricos específicos, como na Periferia da sociedade e do mundo.

Por todas essas razões, sobretudo por sua inegável originalidade e ainda por sua função universalizante, achamos conveniente dar a seguir um destaque particular ao modelo de prática teológica da Teologia da Libertação, explicitando seus traços típicos (que, como se pode constatar, pusemos no esquema inicial em maiúsculo).

Gênero

É a reflexão *crítica* da práxis à luz da fé. É crítica também no sentido de *profética*, enquanto denunciadora das injustiças e anunciadora do Reino a se realizar também na história.

Como para toda teologia moderna, o gênero literário da Teologia da Libertação privilegia a forma do "ensaio". Trata-se de tentativas de lançar luzes nos caminhos e descaminhos da história, longe de toda ambição por sistemas rígidos e autossuficientes.

Problemática

A Teologia da Libertação ataca a questão específica da opressão--libertação em suas dimensões concretas. Coloca-as, porém, sempre dentro do horizonte maior da fé, que visa ultimamente a "libertação soteriológica". Por isso, a Teologia da Libertação é, por um lado, uma teologia *específica*, pela dimensão que privilegia, e, por outro, uma teologia *integral*, pela sua referência ao Plano total da salvação.

Por tudo isso, ela pode tanto tratar de questões diretamente *teológicas* (Cristo, Igreja, Maria, etc.), procurando explicitar seu potencial libertador, como de questões diretamente *sociais* (justiça, exclusão, poder, etc.), colocando-as sempre sob a ótica estimuladora e crítica da fé.

Destinatários

A Teologia da Libertação convoca todos à tarefa libertadora. Contudo, aplicando em seu próprio campo a "opção pelos pobres", ela privilegia estes últimos como seus interlocutores e destinatários especiais, na medida em que são sujeitos protagônicos de sua própria libertação.

Objetivo

Como teologia *específica*, que visa finalmente a Teologia da Libertação? É despertar as Comunidades cristãs para o compromisso de justiça e acompanhá-las de modo estimulante e crítico ao mesmo tempo. Portanto, ela aponta para o agir em termos da caridade libertadora (práxis da fé) .

Mediações culturais

A Teologia da Libertação usa de todas as ciências que podem auxiliá-la na compreensão da sociedade, sem excluir a contribuição crítica do marxismo, submetendo-as, porém, à fé como à sua instância judicial mais elevada.

Tipo de teólogo

À diferença do Pastor, modelo dos Padres, e do Doutor, modelo dos Escolásticos, o Teólogo da Libertação é um "intelectual orgânico", talvez militante, de todos os modos, um teórico comprometido e solidário com a caminhada dos pobres, aos quais procura servir na ótica do Reino. Portanto, o lugar de sua reflexão, além de ser a Academia, é a Comunidade a caminho.

Representantes

G. Gutiérrez é reconhecidamente o nome mais representativo da Teologia da Libertação. Para a Europa, poderíamos citar J.B. Metz e J. Moltmann como representantes respectivamente da Teologia Política e da Teologia da Esperança, teologias-irmãs da Teologia da Libertação.

LEITURA

JOÃO PAULO II:
Carta ao Episcopado Brasileiro sobre a Teologia da Libertação[109]

<<5. (...) Na medida em que se empenha por encontrar aquelas *respostas justas – penetradas de compreensão* para com a rica experiência da Igreja neste País, tão *eficazes e construtivas* quanto possível e ao mesmo tempo *consonantes e coerentes* com os ensinamentos do Evangelho, da Tradição divina e do

---

109. A Carta é datada em 9 de abril de 1986 e foi publicada in *Revista Eclesiástica Brasileira*, 46 (1986) 396-402, aqui, p. 400. Tanto as Paulinas como a Vozes publicaram a Carta em anexo à *Instrução sobre a liberdade cristã e a libertação*. O itálico é do Papa e o negrito é nosso.

perene Magistério da Igreja – estamos convencidos, nós e os Senhores, de que a **TEOLOGIA DA LIBERTAÇÃO É NÃO SÓ OPORTUNA, MAS ÚTIL E NECESSÁRIA. ELA DEVE CONSTITUIR UMA NOVA ETAPA – EM ESTREITA CONEXÃO COM AS ANTERIORES – DAQUELA REFLEXÃO TEOLÓGICA INICIADA COM A TRADIÇÃO APOSTÓLICA E CONTINUADA COM OS GRANDES PADRES E DOUTORES, COM O MAGISTÉRIO ORDINÁRIO E EXTRAORDINÁRIO E, NA ÉPOCA MAIS RECENTE, COM O RICO PATRIMÔNIO DA DOUTRINA SOCIAL DA IGREJA**, expressa em documentos que vão da *Rerum novarum* à *Laborens exercens*.

Penso que, neste campo, a Igreja no Brasil possa desempenhar um papel importante e delicado ao mesmo tempo: o de criar espaço e condições para que se desenvolva, em perfeita sintonia com a fecunda doutrina contida nas duas citadas *Instruções* (*Libertatis nuntius* e *Libertatis conscientiae*), uma reflexão teológica plenamente aderente ao constante ensinamento da Igreja em matéria social e, ao mesmo tempo, apta a inspirar uma práxis eficaz em favor da justiça social e da equidade, da salvaguarda dos direitos humanos, da construção de uma sociedade humana, baseada na fraternidade e na concórdia, na verdade e na caridade. Deste modo se poderia romper a pretensa fatalidade dos sistemas – incapazes, um e outro, de assegurar a libertação trazida por Jesus Cristo – o capitalismo desenfreado e o coletivismo ou capitalismo de Estado. Tal papel, se cumprido, será certamente um serviço que a Igreja pode prestar ao País e ao quase Continente latino-americano, como também a muitas outras regiões do mundo onde os mesmos *desafios* se apresentam com análoga gravidade.

Para cumprir esse papel é insubstituível a ação sábia e corajosa dos Pastores, isto é, dos Senhores. Deus os ajude a velar incessantemente para que aquela correta e necessária teologia da libertação se desenvolva no Brasil e na América Latina *de modo homogêneo e não heterogêneo* com relação à teologia de todos os tempos, em plena fidelidade à doutrina da Igreja, atenta a um amor preferencial, não excludente nem exclusivo, para com os pobres. > >

CAPÍTULO 23

Cronologia da produção teológica: nomes e obras mais importantes

Damos a seguir um esboço do caminho da teologia na história, onde são referidos os autores, as obras e os eventos mais importantes que marcaram a caminhada do pensamento cristão. Referimos também algumas obras e eventos não teológicos, na medida em que tiveram particular influência sobre a teologia[110].

Obedecendo à perspectiva própria de nosso trabalho, quisemos dar a esta cronologia quatro destaques: 1) para a produção em *metodologia* teológica; 2) para a implicância *prática* (pastoral e social) da teologia; 3) para a

---

110. Além dos grandes dicionários teológicos, úteis para informação de autores, correntes e eventos, cf. Evangelista VILANOVA, *Historia de la teología cristiana*, Herder, Barcelona, 1987-1992, 3 vol.; José Luís ILLANES – Josep Ignasi SARANYANA, *Historia de la teología*, BAC, Católica, Madri, 1995; Martin GRABMANN, *Die Geschichte der Katholischen Theologie seit dem Ausgang der Väterzeit*, Darmstadt, 1961, 2ª ed. (trad. it. *Storia de la teologia cattolica*, Vita e pensiero, Milão, 1939); C.E.R.I.T., *I cristiani e le loro dottrine*, Queriniana, Brescia, 1990; C. ROCHETTA, *La teologia tra rivelazione e storia*, in C. ROCHETTA – R. FISICHELLA – G. POZZO, *La teologia tra rivelazione e storia*, Bolonha, 1985, p. 13-162; Battista MONDIN, *Storia della teologia*, ESD, Bolonha, 1996-1997, 4 vol.; IDEM, *Dizionario dei Teologi*, ESD, Bolonha, 1992; Gianpiero BOF, *Teologia cattolica. Duemila anni di storia, di idee, di personaggi*, San Paolo, Roma, 1995; AA.VV., *Storia della teologia*, Ed. Dehoniane, Roma/Bolonha, 1995-1996, 3 t.; ISTITUTO PATRISTICO AUGUSTINIANUM, *Storia della teologia*, Piemme, Casale Monferrato (AL), 1993-, 4 t.; John BOWDEN, *Teologi*, trad. it., integr. e adatt. a cura di Antonio FONTANA, Piemme, Casale Monferrato (AL), 1994. Para uma visão sintética: Y. CONGAR, *La foi et la théologie*, Desclée, Paris, 1962, III parte: "Breve história da teologia": p. 209-272; O. de la BROSSE – A.-M. HENRY – Ph. ROUILLARD, *Nuovo Dizionario del Cristianesimo*, Queriniana, Brescia, 1971, vol. II, p. 9-57; W. HÄRLE – H. WAGNER (dir.), *Lessico dei Padri della Chiesa ai nostri giorni*, Queriniana, Brescia, 1991; Wolfgang BEINERT (a cura di), *Lessico di teologia sistematica*, Queriniana, Brescia, 1990, p. 689-695: Esquema da história da teologia.

contribuição teológica das *igrejas do Sul* do Mundo; 4) e enfim para o lugar da *mulher* na história da teologia[111].

Ademais, colocaremos em destaque 50 teólogos, individuais ou em grupo, dentre os mais significativos, para nós hoje, nas várias áreas e lugares.

ÉPOCA PATRÍSTICA

90-150 (ca.)
Época dos Padres *Apostólicos*: S. CLEMENTE com a *Carta aos Coríntios* (98); Sto. INÁCIO DE ANTIOQUIA e suas *Cartas* (110), POLICARPO († 156), amigo do último e mestre de Irineu; a *Didaqué* (1ª parte do séc. II); PÁPIAS (135), dos primeiros exegetas; o *Pastor*, de HERMAS (140-154); a *Carta de Barnabé* (1ª metade do séc. II).

138
Chega do Ponto em Roma MARCIÃO († 160), "pai do procedimento sistemático em exegese" (A. Faivre). Por suas tendências gnósticas e rigoristas, foi expulso da Igreja (144), fundando, contudo, sua própria igreja. Marcião opunha o Deus do Antigo Testamento ao do Novo e só reconhecia o Evangelho de Lucas e algumas cartas de Paulo.

150-250
Época dos Padres *Apologetas*: S. JUSTINO († 165), com duas *Apologias* († ca. 150); TACIANO († 175), discípulo do último, com seu *Diatésseron*, versão fundida dos quatro evangelhos; Sto. HIPÓLITO (235), ATENÁGORAS, a *Carta a Diogneto* (ambos da 2ª metade do séc. II), NOVACIANO (ca. 250).

180-190
Sto. IRINEU († 220) elabora seu *Contra as Heresias*, para refutar os gnósticos. É o primeiro esboço de teologia sistemática (Y. Congar).

188
Em Alexandria se faz sentir a ascendência cultural dos gnósticos (Basílides, Valentino e discípulos), com sua reivindicação por um conhecimento

---

111. Para as mulheres teólogas, cf. Kari BOERRESEN, *Le Madri della Chiesa*, D'Auria, Nápoles, 1993; Cettina MILITELLO, *Il volto femminile della storia*, PIEMME, Casale Monferrato (AL), 1995.

superior (gnose). No entanto, sob o episcopado de Demétrio, floresce o "Didaskaleion", centro de estudos superiores para o conhecimento metódico da Revelação, fazendo assim recuar o predomínio cultural dos gnósticos, e origem da chamada "Escola de Alexandria". Já em torno de 180 CLEMENTE DE ALEXANDRIA († ca. 212) assumia a direção da escola. Para ele, a Filosofia é para os gregos caminho para a fé, como era o Antigo Testamento para os Hebreus.

197

Começa em Cartago a atividade literária de TERTULIANO († 220), primeiro escritor latino cristão, que muito contribuiu para a formação da linguagem teológica. A partir de 213 torna-se abertamente montanista. O frígio Montano († 212) se entendia como o órgão do Paráclito, pregava extremo rigorismo e era acompanhado por duas mulheres: Priscila e Maximila, que profetizavam em estado extático e prediziam a volta iminente de Cristo. Encontram-se nesse círculo as "coliridianas", que cultuam Maria com pães rituais, e os seguidores da profetisa Quintila, que admitem mulheres na hierarquia.

220-230

O grande ORÍGENES († ca. 253-4) escreve *Dos Princípios*, primeiro tratado sistemático de dogma, onde a teologia é compreendida como expressão da gnose ideal. Quando assume a direção do "Didaskaleion" divide os alunos em dois graus: inferior, para os principiantes; e superior, para os perfeitos. Seu livro *Contra Celso* (ca. 246) é a maior apologia antiga do Cristianismo. Foi o teólogo mais controvertido da história, tendo sido destruída, em consequência disso, a maior parte de sua obra imensa.

250 (depois de)

Surge a "Escola de Antioquia", na verdade mais uma corrente que uma instituição, firmando-se apenas no fim do séc. IV. Dá preferência a uma exegese literal e histórica, distinguindo-se nisso da "Escola de Alexandria" e de seu método alegorizante. Suas maiores figuras foram TEODORO DE MOPSUÉSTIA († 428) e seu discípulo TEODORETO DE CIR († 466), que enfatizaram o lado humano e histórico de Jesus, opondo-se com vigor a toda tendência monofisita, especialmente ao teopasquismo, doutrina do sofrimento de Deus.

325

Concílio de Niceia, que define a divindade de Jesus e que tem como grandes propagadores Sto. ATANÁSIO († 373) e Sto. HILÁRIO DE POITIERS († 367).

339 (ca.)

Morre EUSÉBIO DE CESAREIA, "pai da história eclesiástica" e "teólogo político". Viveu nos círculos da corte de Constantino.

370

S. BASÍLIO († 379) se torna bispo de Cesareia. É um dos três Padres Capadócios, junto com seu amigo S. GREGÓRIO NAZIANZENO, "o teólogo" († ca. 390) e seu irmão S. GREGÓRIO DE NISSA († 394), este casado com Teosébia. A teologia desses Padres ressalta a importância do Espírito Santo e o apofatismo em teologia. Com o Nazianzeno, Basílio redige a Filocalia, seleta de textos de Orígenes.

374

S. AMBRÓSIO († 397) é aclamado bispo de Milão. Sua teologia está centrada nas questões pastorais. Compôs hinos religiosos populares, até hoje usados na liturgia da Igreja. Enfrentou Teodósio, por causa de um massacre, por suas tropas, em Tessalônica, submetendo-se o imperador à penitência.

381

Concílio de Éfeso, presidido por S. CIRILO DE ALEXANDRIA († 444), "o maior dogmático dos padres" (Y. Congar). Combateu com extrema veemência a NESTÓRIO, patriarca de Constantinopla († 428). Sob seu patriarcado, em 415 morre a filósofa neoplatônica HIPÁCIA, linchada, num tumulto, por cristãos, e da qual a figura lendária de Sta. CATARINA de Alexandria († 305 ou 307) seria o correspondente cristão. Hipácia tinha como discípulo e amigo o bispo SINÉSIO de Cirene, casado com Prisca.

382

S. JERÔNIMO († 420), grande teólogo "positivo" e biblista exímio, empreende a tradução da Bíblia *Vulgata*. É mestre de um círculo de estudos no Aventino (Roma), primeiro cenáculo feminino a buscar rigorosa reflexão teológica a partir da Bíblia. Participavam dele grandes figuras da aristocracia cristã romana, como Marcela, Paula, Eustáquia, Fabíola, Melânia, a velha, que foi amiga de RUFINO de Aquileia († 411), e outras mais.

386

Sto. AGOSTINHO († 430) chega à conversão, cujas vicissitudes narra nas célebres *Confissões* (ca. 400). Sua grande obra, de teologia da história, é *A cidade de Deus* (413-427) e sua obra mais reflexiva é *A Trindade* (400-416). Foi o teólogo que, por sua genialidade e fecundidade, mais influiu em toda a teologia do Ocidente. Sua obra é riquíssima e extremamente vasta (PL 32-47: 16 vol.).

398

S. JOÃO CRISÓSTOMO († 407) é sagrado bispo de Constantinopla. Foi grande pregador, de rica base bíblica, denunciador dos ricos e poderosos, e defensor dos pobres. Teve como colaboradora e amiga a diaconisa OLÍMPIA († 410).

400 (ca.)

EGÉRIA (ou Etéria), provavelmente monja galega, faz sua peregrinação à Terra Santa, deixando seu *Itinerarium*, onde registra a vida e a liturgia de Jerusalém da época.

430 (ca.)

S. VICENTE DE LÉRINS elabora o *Commonitorium*, onde coloca a Tradição como regra de fé. Essa obra obteve grande sucesso no séc. XVI e, em seguida, no contexto da teologia controversística.

440

Começa o papado de S. LEÃO MAGNO († 461), cuja intervenção no Concílio de Calcedônia (451) foi decisiva. Sua teologia da "plenitude do poder" em Pedro constitui um passo importante rumo ao centralismo de Roma.

400 (fins)

DIONÍSIO AREOPAGITA, pseudônimo de um teólogo desconhecido, redige seus quatro tratados, entre os quais *A teologia mística*, de linha neoplatônica, e *A hierarquia eclesiástica*, que tiveram imensa influência na vida e no pensamento da Igreja.

525

BOÉCIO escreve no cárcere *Consolação da filosofia*, antes de ser torturado e executado, um ano depois, em Pavia, sob ordens do rei Teodorico, por suspeita de traição. Intenta nesse livro resolver o problema do mal. Por ter elaborado definições lapidares e aberto o método de discutir tematicamente questões teológicas, como no livro *Sobre a Trindade*, é considerado um dos pais da civilização medieval e da Escolástica.

587

Falece RADEGUNDA, esposa do rei franco Clotário, conhecedora de toda a cultura antiga, tanto secular como cristã. Feita monja, mantém independência em relação à hierarquia e torna-se amicíssima do maior poeta do tempo, VENÂNCIO FORTUNATO († 600), de quem ficaram, na liturgia, os hinos: *Pange lingua gloriosi* e *Vexilla regis prodeunt*.

590

S. GREGÓRIO MAGNO († 604) é elevado à Sé de Pedro sendo um dos maiores e melhores papas da história. É teólogo pastoralista e moralista. Sua obra principal é a *Regra pastoral*, que se tornou na Idade Média a norma de vida de bispos e padres.

600

Sto. ISIDORO († 636) torna-se bispo de Sevilha (ca. 600). É autor da obra antológica e enciclopédica chamada *Etimologias*, em 20 livros.

653

É preso pelas autoridades imperiais S. MÁXIMO, o Confessor, dos maiores autores espirituais do Oriente: o da mística da unificação no Logos encarnado. Antes de se fazer monge (613-614), tinha sido secretário do Imperador. Por ter atacado o monotelismo deste último e ter participado do Concílio de Latrão em 649, foi detido, torturado, tendo a língua e a mão direita amputadas e por fim mandado para o exílio, onde morreu († 662).

735

Morte de S. BEDA, o Venerável, escritor positivo e enciclopédico. Foi a ponte entre os Padres e os Doutores escolásticos.

726

Abre-se a luta contra os iconoclastas (até 787), onde se destaca S. JOÃO DAMASCENO († 749). Na obra dogmática, *A fonte do conhecimento* (escrita depois de 742), mostra-se um teólogo sistemático poderoso. Foi para o Oriente a ponte que Beda foi para o Ocidente.

786

ALCUÍNO († 804), britânico, é convidado por Carlos Magno para ser o diretor da "Escola Palatina". Grande organizador da cultura, seja por ter erigido, a partir da proposta de Boécio, o sistema das "sete artes liberais" (constando do *Trívio*: Gramática, Retórica e Dialética; e do *Quadrívio*: Geometria, Aritmética, Música e Astrologia), seja por ter promovido a restauração do laço entre a fé e a cultura clássica. Ora, tudo isso influiu de modo decisivo sobre a metodologia teológica em geral.

841-843

DUODA, condessa da Septimânia e de Barcelona, escreve para o filho, refém do rei da França, um livro de formação: o *Liber manualis*, dos poucos escritos que deixaram as mulheres do passado menos recente.

845

O rei da França Carlos o Calvo († 877) chama para a direção da "Escola Palatina" João Scotus ERÍGENA, irlandês, o teólogo mais original e importante do século IX ("píncaro majestoso sobressaindo aos outeiros de uma planície": Böhner-Gilson). Sua obra *A divisão da natureza*, em 5 vol., é um grande sistema filosófico-teológico, de linha neoplatônica, inspirado no Pseudo-Dionísio.

856

Morre um discípulo alemão de Alcuíno, o monge e depois arcebispo de Mogúncia RABANO MAURO, o *Praeceptor Germaniae*, dos maiores eruditos enciclopédicos do tempo.

973 (depois de)

Morre a cônega-poetisa ROSVITA, a mais destacada figura do Mosteiro de Gandersheim, raro centro de cultura feminina da época, no qual se educaram também as duas filhas do Imperador Otão II.

IDADE MÉDIA

1022

Morte de S. SIMEÃO, "o novo teólogo", poeta, dos maiores místicos bizantinos. Esse autor, de pensamento teológico fortemente pneumatocêntrico, é o autor preferido até hoje no Monte Atos.

1054

MIGUEL CERULÁRIO († 1058), teólogo potente, consuma o cisma com o Ocidente.

1078

Sto. ANSELMO († 1109), "pai da escolástica", escreve o *Proslogion: fides quaerens intellectum*, onde retoma o tema do

Monologion de dois anos antes. Com aquela obra franqueia à razão argumentativa o campo da inteligência da fé. Expõe também aí o famoso "argumento ontológico". Seu *Por que Deus se fez homem* (1098) é uma soteriologia jurisdicista, centrada na ideia de "satisfação" e que deixou profundas marcas no pensamento e na espiritualidade cristã.

1109

Começa a "Escola de S. Vítor", em Paris, de tradição agostiniana, cujos maiores expoentes são: HUGO DE S. VÍTOR († 1141), grande educador com seu *Didascalicon*, manual de estudo para todo aluno na Idade Média, e teólogo simbolista em *Os sacramentos da fé cristã*; e RICARDO DE S. VÍTOR († 1173), teólogo dogmático, como se vê no seu *A Trindade*, e mestre em mística, campo em que deixou diversas obras.

1118

ABELARDO († 1142) inicia sua *Theologia scholarium*, primeira "suma teológica". Seu principal mérito é que, com sua dialética, evidente no *Sim e Não*, coletânea de textos contraditórios da Escritura e dos Padres sobre 158 questões, impulsiona a teologia rumo a um discurso de rigor. Foi condenado pelo Concílio de Soissons (1121), por causa de seu *A unidade e trindade divina*, livro que teve de queimar publicamente, com suas próprias mãos. São conhecidas suas aventuras e desventuras com HELOÍSA († 1164), narradas na *História de minhas calamidades*. Esta mulher, culta e livre, foi, no campo teológico, interlocutora exigente do amigo, como mostra a *Correspondência* entre ambos.

1140 (ca.)

GRACIANO redige o chamado *Decreto*, coletânea de leis eclesiásticas, verdadeira "Suma Canônica".

1150-52

PEDRO LOMBARDO († 1160) redige *Os quatro livros das Sentenças*, que todo mestre medieval tinha obrigação de comentar e que constituiu até o séc. XVI o grande manual de teologia nas escolas.

1153

Morre S. BERNARDO, grande representante da epistemologia monástica, caracterizadamente religiosa, e acérrimo adversário de Abelardo e de sua dialética. Sua obra principal é o *Comentário ao Cântico dos cânticos* (1153-). Nesse mesmo campo e na mesma época, vivem GUILHERME DE SAINT-THIERRY († 1148), abade beneditino, e ELREDO († 1166), abade cisterciense de Rievaulx (Inglaterra), que escreveu *A amizade espiritual*, em que discorre como ninguém sobre o tema.

1179
Mais que octogenária, expira uma mulher extraordinária, Sta. HILDEGARDE DE BINGEN, a "Sibila do Reno". Foi grande visionária, além de poetisa, musicista e herborista. Para promover a reforma da Igreja, pregou em Capítulos e Catedrais da Europa. Manteve correspondência com o Imperador Barba-Roxa, com papas, bispos, abades e nobres. Escreveu, entre outras obras, *Scivias* (Conheça os caminhos), onde expõe sua visão teológico-cósmica. Contemporânea sua foi outra mística, igualmente visionária, profetisa e reformadora: Sta. ELISABET DE SCHÖNAU († 1164), que viveu apenas 35 anos e foi autora das *Visões* e do *Livro das vias de Deus*.

1190
O rabino cordobês Moisés MAIMÔNIDES († 1204), o maior teólogo hebreu da Idade Média, de linha aristotélica, publica *O guia dos perplexos*, verdadeira "Suma Teológica Judaica" (E. Gilson), que inspirou muitos escolásticos cristãos. Foi médico do sultão Saladino († 1193).

1200 (ca.)
Surgem as 1as. Universidades: Bolonha, Paris, Oxford, com as *Facultates de Artes* (ensino profano do trívio e do quadrívio) e de *Teologia*, agregando-se em seguida as de Direito e de Medicina.

1202
Morre JOAQUIM DE FLORE, místico e teólogo visionário, autor da *Exposição do Apocalipse*. Esse abade defendeu uma ideia evolutiva da história, profetizando a "terceira idade" – a do Espírito –, visão que exerceu enorme influência sobre a concepção da história de todo o Ocidente.

1248
Sto. ALBERTO MAGNO († 1280) começa a dirigir o *Studium* de Colônia e abre a teologia à incorporação da filosofia de Aristóteles.

1259
Em Monte Alverne, S. BOAVENTURA (morto em 1274, durante o Concílio de Lião), teólogo franciscano, escreve seu livro

mais conhecido: *Itinerário da mente para Deus*. Tinha sido professor em Paris (desde 1247) e era de linha agostiniana. No tratado *A recondução das artes à teologia* (entre 1255-57) mostra que todos os saberes culminam na teologia, ciência suprema.

1267

S. TOMÁS DE AQUINO († 1274) redige a *Summa Theologiae* (o título mais provável), que deixa incompleta (1273). Com Orígenes e Agostinho, e depois deles, compõe a tríade intelectual mais alta da Igreja. Além de professor em Paris e em Nápoles, foi teólogo na corte papal por dez anos (1259-1269). Sem ter completado 50 anos, deixou uma obra imensa (mais de 50 vol.) e é apresentado como "o mestre" por excelência em teologia, e é assim recomendado pelo Vaticano II (OT 16,3).

1298

O Beato J. DUNS SCOTUS, franciscano, começa seu ensino em Oxford. Ensina depois em Cambridge, em seguida em Paris e enfim, por ter-se desentendido com Filipe IV, em Colônia, onde veio a falecer († 1308). Apesar de ter vivido só 43 anos deixou uma obra imensa (26 vol. *in folio*), destacando-se a *Ordinatio* ou *Opus oxoniense*. Teólogo original, fortemente cristocêntrico e "Doutor mariano", defendeu com grande eficácia o dogma da Imaculada Conceição.

1301 (ou 1302)

Apaga-se Sta. GERTRUDES, A GRANDE, possuidora de altos dons místicos e conselheira muito procurada. Dela temos os cinco livros do *Mensageiro da Bondade amorosa de Deus*. Viveu no célebre mosteiro cisterciense de Hefta, possuidor de uma excelente escola, dirigida então por MATILDE DE HACKEBORN. Esta foi mestra e companheira de Gertrudes no campo das experiências místicas, tendo redigido seus ensinos no *Livro da graça especial*. Quanto a Gertrudes, o centro de sua doutrina mística, altamente afetiva, é o Coração de Jesus. Essa devoção já era de outra mística, Sta. MATILDE DE MAGDEBURG († 1282), quando beguina, mas que se tornou também companheira de Gertrudes em Hefta e que escreveu *A luz fluente da divindade*, em 7 livros.

1322
Começam os conflitos que envolveram pelo resto da vida GUILHERME DE OCKHAM, ofm († 1349), principalmente contra João XXII. Foi chamado "Venerabilis Inceptor" por ter iniciado a "via moderna" da teologia, submetendo os teólogos anteriores a uma rigorosa análise lógico-formal, método que levou em seguida a teologia para um especulativismo deletério. Foi nominalista ou conceitualista, teólogo do voluntarismo divino e crítico do poder papal, defendendo a separação Igreja – Estado.

1347
S. GREGÓRIO PÁLAMAS († 1359), teólogo bizantino, é feito bispo de Tessalônica, depois de ter sido monge no Monte Atos (1331). Foi defensor do hesicasmo, escola mística centrada na pacificação interior através da oração monológica do nome de Jesus. Sua obra principal é *Tríade de defesa dos santos hesicastas*, "suma de teologia mística" oriental, onde distingue a essência de Deus (inatingível) e suas energias (que nos atingem). Próximo a Pálamas temos Nicolau CABASILAS († ca.1398), leigo e possuidor de uma teologia profundamente litúrgica e espiritual, dirigida às "pessoas do mundo".

1300 (2ª metade)
Época de grandes místicos: J. ECKHART († 1349-50), J. TAULER († 1361), J. RUYSBROECK († 1381). Entre as mulheres contam-se: as reformadoras Sta. CATARINA DE SENA († 1380), de que conhecemos os *Diálogos*, declarada "Doutora da Igreja" por Paulo VI em 1970; assim como Sta. BRÍGIDA DA SUÉCIA († 1373), dotada de visões e revelações extraordinárias. Nesse período viveu também a mística JULIANA DE NORWICH († 1416), primeira mulher de letras inglesa, que deixou suas 16 visões em *Revelações do amor divino*.

1300 (fins)
Atividades dos Pré-reformadores: J. WYCLIF († 1384), J. HUS († 1414), esse julgado e queimado durante o Concílio de Constança (1414-1418).

1395
J. GÉRSON († 1429) torna-se grão-chanceler da Universidade de Paris. Seu maior empenho foi pôr fim ao Grande Cisma do Ocidente (1378-1449). Como seu antecessor no cargo, PEDRO D'AILLY, para resolver o cisma, tomou parte ativa no Concílio de Constança (1414-1418) e propugnou por uma "concepção conciliar" de Igreja, como no livro *A revocabilidade do Papa pela Igreja* (1409). Por ter-se oposto à tese do "tiranicídio", não pôde voltar à França, escrevendo então *A consolação da teologia* (1418). Defendeu uma forma de teologia afastada de disputas estéreis e de conteúdo místico e pastoral.

1420
Sai a *Imitação de Cristo,* obra de TOMÁS DE KEMPIS († 1471).

1440
Vem a público o livro *Douta ignorância* do Cardeal NICOLAU DE CUSA († 1464), grande defensor do apofatismo e fundador da Academia Platônica de Florença. Espírito universalista, propôs a união de todas as religiões no livro *A Paz da fé* (1453).

1477
Gabriel BIEL († 1495), sacerdote reformista, assume, com 60 anos, a cátedra de teologia na recém-fundada Universidade de Tübingen. Foi o último dos "sentenciários" medievais. Influenciado por Ockham, exerceu por sua vez grande influência na reforma dos estudos teológicos da época e também sobre Lutero.

ÉPOCA MODERNA (ATÉ 1900)

1515-1516
M. LUTERO († 1546) redige o *Comentário à Carta aos Romanos*. Pouco depois (1517), afixa – como se conta – nas portas da igreja de Wittenberg suas famosas "teses".

1520
Começa a pregação profética de T. MÜNZER contra o latifúndio, desembocando na "guerra dos camponeses" (1523-25). Lutero se opôs furiosamente a Münzer, que acaba por ser decapitado († 1525).

1522
T. CAJETANO († 1534), dominicano, termina seu célebre *Comentário à Suma Teológica*. Foi interlocutor oficial de Lutero, mas sem sucesso.

1530
F. MELANCHTON († 1534) redige a *Confissão Augustana*. Foi dos primeiros a falar em "lugares teológicos", no sentido de *temas* fundamentais da teologia (numa obra com aquele nome, de 1521 e 1559).

1536
CALVINO publica sua primeira versão da *Instituição da Religião Cristã*, revista em seguida.

1539
F. de VITORIA († 1546) questiona os direitos dos espanhóis à conquista do Novo Mundo nas conferências: *Das Índias* e *Do direito de guerra*. Foi um dos pais do "direito internacional". Inova o método do ensino teológico, substituindo as *Sentenças* de Pedro Lombardo pela *Suma Teológica* de Sto. Tomás.

1549
Chega ao Brasil o Pe. MANUEL DA NÓBREGA († 1570), jesuíta, que no *Diálogo sobre a conversão do gentio* (1556-57) mostra-se arguto missiólogo, embora admita uma "suave coação". É secundado por outro jesuíta, o Pe. J. ANCHIETA († 1597), o qual busca caminhos de encontro da fé com as culturas indígenas e é autor do longo *Poema da Virgem*, escrito quando refém, por cinco meses, dos índios Tamoios de Iperuí, atual Ubatuba (1563).

1550-1551
B. de LAS CASAS enfrenta, em Valladolid, em alta disputa teológica, diante de teólogos de Salamanca e da corte, a J. GINÉS DE SEPÚLVEDA, defendendo os indígenas da América contra os pretensos "direitos de conquista" dos Espanhóis. Escreveu ainda obras de não escasso interesse teológico, como a *História das Índias* e a famosa *Brevíssima relação da destruição das Índias*.

1558
O franciscano B. DE SAHAGÚN († 1590) começa a redação de sua grande obra missiológica e etnográfica sobre as culturas autóctones do México, *História Geral das coisas de Nova Espanha*, na qual trabalhou quase 40 anos. Composta de 12 livros, saiu bilíngue, em náuatl e em castelhano, mas acabou proibida por Filipe II em 1577 sob a alegação de que contribuía para difundir os costumes dos indígenas.

1563
**Publicação póstuma de *Os lugares teológicos* de M. CANO (†
1560), no sentido de *fontes* do conhecimento teológico.**

1567
Roma condena a teologia do louvanista M. BAIO († 1589), por afirmar, de um lado, a impotência da natureza frente à força da graça (pré-jan-
senismo) e, do outro, o direito à graça da natureza original. Abjurou de seus
erros antes de morrer.

1574
O maior teólogo jesuíta e dos maiores da Reforma católica, F. SUÁ-
REZ († 1617), inicia seu magistério em Valladolid, Segóvia e Ávila, de-
pois em Roma, Alcalá, Salamanca e Coimbra, onde morre. Sua produção
teológica cobre 23 vol. *in folio*. Escreveu o primeiro tratado sistemático de
Mariologia (1592).

1572
J. DE ACOSTA, SJ († 1600), faz-se missionário no Peru. É teólogo
assessor de S. Toríbio de Lima. Com seu *Sobre o modo de obter a salvação
dos índios* (1588), tratado missiológico muito difundido na época, justifica
um relativo uso da espada na evangelização, contrapondo-se à missiologia
pacifista radical de Las Casas, tal como se exprime em seu *O único modo de
atrair os gentios.*

1576-1581
O dominicano Diego DURÁN († 1588) escreve sua obra etnológico-
-missionária *História das Índias de Nova Espanha e Ilhas da Terra Firme*, que
permanece inédita por trezentos anos. No interesse da missão, procura aí
explorar as possíveis aproximações entre a cultura asteca e a fé cristã.

1500 (fins)
**Terminam seus dias dois gigantes da mística ocidental: Sta.
TEREZA D'ÁVILA († 1582) e S. JOÃO DA CRUZ († 1591),
ambos carmelitas e declarados Doutores da Igreja.** No mesmo pe-
ríodo vive outra mística, Sta. MARIA MADALENA DE PAZZI (†
1607), sem esquecer, quase um século antes, mais uma mística, Sta.
CATARINA DE GÊNOVA († 1510), leiga, cujo Tratado sobre o
Purgatório é de extrema originalidade.

1586

S. ROBERTO BELARMINO, SJ († 1621), escreve as *Disputationes* em três vol. (até 1593), a obra mais representativa da teologia controversística. Condicionou fortemente a eclesiologia posterior com seu conceito institucional e piramidal de Igreja.

1598-1607

Termina sem solução uma das maiores controvérsias da história da teologia, a "De auxiliis", opondo a teologia de L. de MOLINA, SJ († 1600), à de D. BAÑEZ († 1604), enfatizando, o primeiro, o papel da liberdade; e o último, o da graça.

1604

Nasce Arcângela TARABOTTI († 1652), veneziana, teóloga panfletista, defensora dos direitos das mulheres. Vítima do costume de o pai constranger a filha a entrar no mosteiro, escreveu *Inferno monacal* e *Tirania paterna*.

1612

J. BÖHME († 1624), místico sapateiro, redige sua primeira obra *Aurora ou o rouxinol da manhã em ascensão*. Perseguido em vida por sua igreja, a luterana, foi posteriormente bastante apreciado na Alemanha por autores românticos e filósofos.

1630

O teólogo português JOÃO DE S. TOMÁS († 1644) começa a ensinar em Alcalá (Espanha).

1640

Aparece, postumamente, o *Augustinus* do bispo JANSÊNIO († 1638), enfatizando a força "irresistível" da graça. O jansenismo é assumido pela Abadia de Port-Royal, inclusive pelo autor dos *Pensamentos*, PASCAL († 1622), mas é atacado pelos Jesuítas. Port-Royal, coração do jansenismo, teve como abadessa reformadora, desde a idade de 11 anos, Maria Angélica ARNAUD († 1661), ganha ao jansenismo pelo Abade de Saint-Cyran, que foi mais tarde posto por Richelieu († 1642) na prisão, de onde escreveu para a discípula as *Cartas cristãs e espirituais*.

1644

Denys PETAU, SJ († 1652), publica sua *Dogmática Católica*, em 4 vol., obra que lhe custou 20 anos de trabalho.

1652

Começa no Maranhão a atividade missionária do máximo orador da língua portuguesa, o Pe. Antônio VIEIRA († 1697). Seus *Sermões* compreendem 15 vol. Foi perseguido por ter tomado a defesa da causa dos índios (mas não dos escravos). Por avançar uma visão messiânico-apocalíptica da missão de Portugal, especialmente na *Clavis Prophetarum* (obra póstuma), foi condenado pela Inquisição (1667), tendo sido levantadas as penas no ano seguinte.

1669

Entra no mosteiro jeronimiano da cidade do México a jovem e genial mestiça Juana Inés de la CRUZ (1651-1695), tida como a maior poetisa barroca de língua espanhola e a primeira grande literata da América hispânica. Foi chamada "a décima musa do México" e a "Fênix americana". Precursora do feminismo nas Américas, defendeu, em sua *Carta a Sor Filotea de la Cruz*, o direito das mulheres à cultura; e, em *Redondillas en defensa de las mujeres*, satirizou os preconceitos machistas. Possuía bons conhecimentos em teologia patrística e escolástica, como demonstrou em sua *Carta Atenagórica*, polemizando contra o Pe. Vieira. No fim da vida, depois de assinar com seu sangue uma declaração de fé, vendeu sua biblioteca e seus instrumentos de arte, a fim de ajudar as vítimas de uma epidemia, às quais passou a se dedicar totalmente, vindo a morrer vítima do contágio.

1678

Richard SIMON († 1712) publica *História crítica do Antigo Testamento*, seguida de outras, na linha da crítica bíblica, de que foi um pioneiro incompreendido. Pouco antes, o filósofo judeu Baruch SPINOZA († 1677), no *Tratado teológico-político* (1670), tinha feito o primeiro ensaio de crítica textual da Bíblia, tendo sido excomungado da sinagoga.

1678

Helena Lucrécia CORNARO PISCOIA († 1684) obtém, depois de forte polêmica que envolveu igreja, povo e várias universidades, diploma de doutorado pela Universidade de Pádua, não porém em teologia, como queria e para o que tinha estudado, mas só em filosofia (por ser mulher! Foi só em 1963 que a 1ª mulher recebeu o doutorado em teologia pela Universidade de Salzburg).

1687
Roma condena a doutrina de Miguel de MOLINOS († 1696) por levar a uma espiritualidade "quietista".

1710
Sai a *Teodiceia* de G.W. LEIBNITZ († 1716), grande propugnador da união das igrejas cristãs.

1713
A Constituição *Unigenitus* de Inocêncio XI (DS 2400-2502) condena P. QUESNEL († 1719), por defender, como se dizia dos jansenistas, que a graça é invencível frente à natureza.

1748
Sai a *Teologia Moral* de Sto. Afonso de LIGUORI († 1787), o qual depois a amplia para 3 tomos, de que faz versões para o uso dos confessores. Foi teólogo prolífico. Conhecidas foram suas *Máximas eternas* (1728) e *As glórias de Maria Santíssima* (1750).

1750-1800
Vêm a lume várias obras de teor racionalista sobre a fé e a religião, como: *O cristianismo da razão* de G. LESSING (1753), *Diálogos sobre a religião natural* de D. HUME (1779), *A religião no interior dos limites da simples razão* de I. KANT (1793), *Do Evangelho como princípio da filosofia* de F. SCHELLING. A Revolução Francesa em 1794 se encarrega de organizar o culto cívico do "Ser Supremo".

1772
Graças à "reforma do ensino" de Pombal, entra no Brasil o galicanismo antirromano e regalista com a colaboração dos Padres do Oratório, como se pode constatar pelo livro *Tentativa teológica* do português Pe. Antônio Pereira de FIGUEIREDO.

1778
É publicado *A meta de Jesus e de seus discípulos* de Hermann Samuel REIMARUS († 1768), iniciador da crítica bíblica e da pesquisa sobre o "Jesus da história". Discípulo do filósofo Christian WOLFF († 1754), o grande representante da filosofia iluminística alemã, Reimarus quis mostrar que Jesus foi um revolucionário apocalíptico fracassado. Iniciou assim a corrente

do "Jesus revolucionário", na qual se destacaram mais tarde R. EISLER, com seu livro *Jesus, o rei que não reinou* (1929-30) e S.G.F. BRANDON, com *Jesus e os Zelotas* (1967).

1810

F. SCHLEIERMACHER († 1834) começa seu magistério filosófico e teológico na recém-criada Universidade de Berlim. É o maior teólogo protestante do século XVIII e quiçá de toda a época contemporânea (K. Barth). É considerado "o pai do protestantismo liberal" pela guinada antropológica que introduziu na teologia. Foi autor do *Discurso sobre a religião: aos espíritos cultos que a desprezam* (1799) e de uma obra metodológica, *O estudo da Teologia: Breve apresentação* (1811).

1825

É executado em Recife FREI CANECA, "teólogo político" de linha liberal-republicana, após o fracasso do movimento revolucionário "Confederação do Equador" (1824). Já havia tomado parte na "Revolução dos padres" (1817), liderada pelo Pe. João Ribeiro.

1832

Roma condena a revista *L'Avenir* e seu movimento, protagonizado por F. LAMENNAIS († 1854), o Pe. LACORDAIRE († 1861) e o conde de MONTALEMBERT († 1870), movimento que visava reconciliar a Igreja com a democracia liberal.

1832

J.A. MÖHLER († 1838) publica a *Symbolik*, visão da Igreja como organismo vivo, cheio do Espírito e vivendo na história concreta. É o maior expoente da renovadora "Escola de Tübingen", onde se destacam também J.S. DREY († 1853) e J.E. KUHN († 1887).

1835-36

D.F. STRAUSS († 1874), teólogo protestante, discípulo de Hegel, escreve sua *Vida de Jesus*, que reescreve para o povo em 1864. Para essa leitura radicalmente racionalista, Jesus, seus milagres e todo o Evangelho se entendem através da categoria do "mito". Põe uma ruptura radical entre *O Cristo da Fé e o Jesus da História*, como intitula um livro de 1865.

1841

Dom P. GUÉRANGER († 1875), abade de Solesmes, inicia a obra, em vários volumes, *Ano litúrgico* (até 1866), que marcou o início inaugural da renovação litúrgica no século XIX.

1841

L. FEUERBACH († 1872) publica *A essência do Cristianismo*, importante pela influência que exerceu sobre a crítica da religião de K. MARX († 1883).

1845

Sai o *Ensaio sobre o desenvolvimento do dogma* do grande J.H. NEWMAN († 1890). Convertido ao catolicismo (1845), escreverá mais tarde (1870) a *Gramática do Assenso*.

1848

A. ROSMINI († 1855) publica *As cinco chagas da Igreja*, programa de reforma eclesial, condenado no momento, mas resgatado mais tarde no contexto do Vaticano II.

1848

É criado o Conselho Ecumênico das Igrejas (CEI) em Amsterdam, a partir da ação missionária e da corrente "cristianismo prático".

1800 (meados)

A "Escola Romana" restaura a teologia escolástica, especialmente por obra de G. PERRONE († 1876), cujas *Preleções teológicas*, em 9 vol., tiveram ampla repercussão (34 ed. de 1835 a 1842 e muitas trad.). Um de seus maiores discípulos foi C. PASSAGLIA, SJ († 1887). Teólogo "genial" (W. Kasper), professor de dogma no Colégio Romano, abandonou em seguida a Vida Religiosa, o ensino da teologia (para ser professor de filosofia) e por fim o Ministério sacerdotal (para entrar na política). Mas acabou seus dias reconciliado com a Igreja. Outro discípulo foi J.-B. FRANZELIN († 1886), jesuíta austríaco, restaurador da teologia positiva e teólogo de Pio IX no Vaticano I (1869-70).

1855

K.J. HEFELE († 1893) começa a publicação de sua famosa *História dos Concílios*, em vários volumes. Havia se oposto à doutrina da infalibilidade, mas terminou por se submeter ao dogma.

1859

A. RITSCHL († 1889), teólogo protestante "liberal", se transfere a Göttingen. Surge aí, a seu redor, uma escola com seu nome, que teve grande influência em toda a teologia alemã e que contou com a adesão de teólogos do porte de E. Troeltsch e A. Harnack. Seu "ideal de vita", no qual se põe "com os dois pés" (K. Barth), era conciliar a fé e a razão iluminista. Recuperou a ideia de "Reino de Deus" como vida moral e cultural, ideia posteriormente desenvolvida pela teologia alemã e pelo movimento norte-americano do *Social Gospel*.

1860

Morre o grande teólogo ortodoxo leigo A.S. KHOMIAKOV, que muito insistiu na *sobornost* (colegialidade), como instância última da unidade e da infalibilidade da Igreja. Essa concepção, apesar de condenada pela hierarquia ortodoxa, exerceu grande influência na teologia daquela Igreja. A ideia católica de "recepção" tem grande afinidade com aquela, ortodoxa.

1863

Aparece, em ótica racionalista, a *Vida de Jesus* de E. RENAN († 1893).

1864

Sai o *Syllabus* de PIO IX, condenando, em 80 proposições, os "erros da época": o racionalismo, o liberalismo, o socialismo e outros mais.

1872-75

No contexto da "romanização" que se seguiu ao Vaticano I, pela qual se recentraliza toda a vida eclesial no clero e nos sacramentos, estoura a "questão religiosa" no Brasil com a condenação, pelo governo imperial, dos bispos D. Antônio de Macedo Costa, de Belém (PA), e de D. Vital de Oliveira, de Olinda (PE).

1873

M.J. SCHEEBEN († 1888) inicia (até 1877) a publicação da monumental *Dogmática* (mais de 3.000 p.), centrada na ideia da vida sobrenatural. Em seu livro *Os mistérios do Cristianismo*, "Suma de Dogmática Católica" e que teve enorme influência na Alemanha, mostra um profundo senso do mistério como fonte de saber teológico.

1881

Vladimir SOLOVIEV († 1900), teólogo ortodoxo, além de filósofo e poeta, mestre de Dostoievsky e de Tolstoi, perde a cátedra por defender, após o assassinato de Alexandre II, a abolição da pena de morte. Seu pensamento, que põe a Encarnação (teandria) no centro de toda a realidade, influenciou enormemente toda teologia russa.

1885
L. BILLOT, SJ († 1931), dos maiores teólogos neoescolásticos, começa seu ensino na Universidade Gregoriana de Roma, onde foi professor, de resto célebre, até 1911. Sua eclesiologia, em termos de "societas perfecta", tendia para o juridicismo e reduzia ao mundo privado a dimensão eclesial da comunhão. Destituído do Cardinalato em 1927 por sua simpatia com as ideias políticas da *Action Française*, retirou-se à vida privada.

1890
Morre J.I. von DÖLLINGER, grande historiador da Igreja, professor em Munique (desde 1826), que se recusou a aceitar o dogma da infalibilidade, por achá-lo destituído de bases históricas, sendo por isso excomungado (1871).

1890
M.-J. LAGRANGE († 1938) funda a Escola bíblica de Jerusalém, onde trabalhará até 1935, a *Revue Biblique* (1892) e enfim os *Études Bibliques* (1900). Com suas obras sobre os Evangelhos (de Marcos, 1911; de Lucas, 1921; e de João, 1925), renovou o método da exegese nos meios católicos.

1891
LEÃO XIII lança a *Rerum Novarum*, início do "corpus" da Doutrina Social da Igreja.

1896
O filósofo católico Maurice BLONDEL († 1949) lança sua famosa *Carta sobre as exigências do pensamento contemporâneo em matéria de apologética*, criando, com o Pe. L. LABERTHONIÈRE († 1932), toda uma escola que abria a teologia católica às correntes modernas. Sua obra mais importante é sua tese de doutorado, na Sorbonne, *L'action* (1893), colocando a ação como lugar de integração do querer, do conhecer e do ser, e como exigência de transcendência.

1898
O Pe. JÚLIO MARIA († 1916) escreve *A Igreja e o Povo* e dois anos depois *Memória sobre a religião*, onde lança a proposta de "unir a Igreja e o Povo", desatrelando aquela do Poder – projeto que só amadureceria após a segunda metade do nosso século.

174

1899

A. von HARNACK († 1930) começa em Berlim suas conferências sobre *A essência do Cristianismo*, publicadas em 1990. É dos maiores historiadores da Igreja Antiga. Sua grande obra é o *Manual da história dos dogmas*, em 3 vol. (1886-1889). Harnack defendia não apenas o confronto, mas a harmonização ("liberal") da fé com a cultura do tempo, como se vê pela obra *A tarefa sócio-evangélica à luz da história da Igreja* (1894), numa linha, porém, bastante conservadora.

SÉCULO XX[112]

1902

A. LOISY († 1940) publica *O evangelho e a Igreja*, livro polêmico, condenado como modernista e ocasionando a excomunhão do autor (1908). Outros fautores do "modernismo", movimento teológico do início do século, que punha em relevo a subjetividade e a historicidade da fé, foram o escocês G. TYRRELL († 1909), o mais culto dos modernistas, E. LE ROY, sucessor de H. Bergson († 1954), e o historiador e teólogo italiano E. BONAIUTI († 1946). Este, depois de ter sido excomungado (1926), foi ainda obrigado a abandonar a cátedra por ter-se oposto ao fascismo (1931).

1906

Albert SCHWEITZER († 1965) publica sua *História da pesquisa sobre a vida de Jesus*, situando Cristo no contexto da iminência escatológica daquele tempo e traduzindo sua mensagem hoje em forma de empenho ético. De modo consequente, terminou seus dias como médico em Lambarene (Gabão), tendo recebido em 1952 o Prêmio Nobel da Paz.

---

112. Para a teologia contemporânea, ver em particular: Piersandro VANZAN – Jürgen SCHULTZ (a cura di), *Lessico dei teologi del secolo XX*. Supplemento a *Mysterium Salutis*, t. 12, Queriniana, Brescia, 1978; Robert VAN DER GUCHT – Herbert VORGRIMLER (dir.), *Bilan de la théologie du XX siècle*, Casterman-Paris, 1970, 2 t.; Rossino GIBELLINI, *La teologia del XX secolo*, Queriniana, Brescia, 1992; A. MARRANZINI (a cura di), *Correnti teologiche postconciliari*, Città Nuova, Roma, 1974; Henri DENIS, *Teología, ¿para qué?* Los caminos de la teología en el mundo de hoy, DDB, Bilbao, 1981.

1907

Sai com grande sucesso, e destinado a ter enorme influência em todo o protestantismo americano, o livro de W. RAUSCHENBUSCH († 1918), *Cristianismo e Evangelho Social*. Em 1912 é publicado seu *Cristianizar a ordem social*. A "teologia política" desse teólogo americano, centrada na ideia de "Reino de Deus", nasceu da experiência pastoral que fez o teólogo, por mais de dez anos, num bairro miserável de Nova York, a que chamou de "cozinha do inferno".

1907

Vem a lume a encíclica *Pascendi* de PIO X, com o decreto *Lamentabili*, condenando 65 proposições do "modernismo".

1909

R. GARRIGOU-LAGRANGE, op († 1964), tomista especulativo, começa o ensino de dogma no "Angelicum". Consultor do Santo Ofício, foi o teólogo mais influente nos meios oficiais até à metade do século.

1909

Sai *A essência e origem do Catolicismo*, de Rudolf SOHM († 1917), professor de Direito Canônico em Freiburg in Breisgau (desde 1870) e um dos redatores do Código civil alemão. Sustentou a tese radical de que a Igreja primitiva tinha uma ordenação puramente carismático-sacramental e que a organização canônica, surgida depois, era um desvio.

1915

A. GARDEIL, op († 1931), lança *O dado revelado e a teologia*, onde resgata da primazia da Palavra na construção da teologia, renovando assim o método teológico nos meios tomistas.

1915

D. Sebastião LEME († 1942) torna-se arcebispo de Olinda e, em 1921, do Rio de Janeiro. Toma parte ativa nas vicissitudes políticas do tempo, procurando reconquistar a força da Igreja no espaço público e na esfera cultural, fundando para isso o "Centro D. Vital", com sua revista "A Ordem". Aí brilharam as figuras do Pe. Leonel FRANCA, sj, fundador da Pontifícia Universidade Católica do Rio, e de Alceu AMOROSO LIMA († 1983). Grande influência exerceu em toda a Igreja do Brasil sua *Carta Pastoral* de 1916, onde ataca a "ignorância religiosa" como o grande mal do catolicismo brasileiro.

1917

Rudolf OTTO (1937), filósofo e teólogo protestante, depois de longa estadia no Oriente, publica seu celebérrimo *Das Heilige* (O Sagrado).

1918

Odo CASEL, da abadia beneditina de Maria Laach († 1948), inicia a elaboração de sua teologia litúrgica, cujo núcleo é a ideia de "Mistério" a ser celebrado.

1919-22

K. BARTH († 1968) lança seu _Römerbrief_(Carta aos Romanos), abrindo espaço para a "teologia dialética", em oposição à "liberal". Por sua _Dogmática Eclesial_ (1932-64: 12 vol.) é considerado o teólogo sistemático protestante mais importante do século.

1921

R. BULTMANN († 1976) publica _A história da tradição sinótica_. Foi o exegeta mais influente do tempo. Com o artigo _Novo Testamento e mitologia_ (1941), propõe o programa de "desmitologização" do cristianismo, cujo desenvolvimento extremo, aliás efêmero, foi a "teologia da morte de Deus" dos anos 60 nos EUA. Com M. DIBELIUS e K.L. SCHMIDT, é um dos grandes fundadores, nos anos 20, do método da _Formgeschichte_.

1921

Leonhard RAGAZ († 1945), dos mais estimulantes teólogos suíços, deixa a cátedra de teologia para trabalhar num bairro operário e dedicar-se ao movimento do "socialismo religioso". Sua teologia arranca da ideia de "Reino de Deus", que ele identifica historicamente com o Socialismo.

1922

Carl SCHMITT († 1985), grande jurista alemão, julgado (e absolvido) em Nuremberg por envolvimento com o regime nazista, lança _Teologia Política_, publicando em 1970 um segundo volume. Sustenta a tese de que os grandes conceitos da política são ideias teológicas secularizadas. Defensor do "decisionismo" em teoria política, mostrou, em _Catolicismo Romano e forma política_ (1923), como a Igreja de Roma é modelo exemplar de solução dos conflitos por invocar uma instância última, sem apelo.

1923

Começa sua docência na Universidade de Berlim o teólogo ítalo-alemão Romano GUARDINI († 1968) na cadeira _Katholische Weltanschauung_, supressa pelas autoridades nazistas em 1939, mas que ele retoma depois da guerra, sucessivamente em Tübingen e Munique. A epistemologia desse teólogo se baseia no princípio da "oposição polar". Em 1937 sai seu conhecido livro *O Senhor*, que busca dar à teologia um conteúdo e uma forma marcadamente existenciais.

1924
Karl ADAM († 1966) publica *A essência do Catolicismo*, que "revoluciona" a eclesiologia católica posterior (R. Aubert). Para ele a complexidade católica se unifica no Cristo enquanto prolongado na Igreja. Durante o nazismo defendeu a posição ambígua de submissão ao regime.

1924
Emil BRUNNER († 1966), teólogo protestante suíço, lança seu livro *A Mística e a Palavra*, atacando a ideia de religião entendida como "sentimento de dependência", segundo Schleiermacher. Foi, em companhia e abaixo de Barth, o maior propulsor da teologia protestante do século XX.

1925
Serghiei BULGAKOV († 1944), maior teólogo ortodoxo dos tempos modernos, leigo, é convidado pelo metropolita Eulóguio a lecionar no Instituto Ortodoxo S. Sérgio em Paris, fundado por este último. Desenvolve de modo sistemático uma nova perspectiva teológica: a *Sofiologia*, que teve forte penetração em toda Teologia ortodoxa.

1928
G.V. FLOROVSKY (* 1893) começa a ensinar patrologia no Instituto S. Sérgio. Com Bulgakov, contribuiu muito para divulgar e fazer respeitar no Ocidente a teologia ortodoxa.

1930
Reinhold NIEBUHR († 1971), luterano, o mais influente teólogo dos Estados Unidos, inclusive nos círculos políticos, começa a ensinar, em Nova York, "Teologia aplicada". A partir de sua experiência pastoral e das crises sociais do tempo, passa de uma teologia liberal a uma mais comprometida, de tipo socialista. Entre suas obras, distinguem-se: *Homem moral e sociedade imoral* (1932), *Fé e História* (1943) e *Realismo cristão e problemas políticos* (1953).

1932

E. PRZYWARA, SJ († 1972), nascido na Polônia e grande mestre de Urs von Balthasar, publica o livro *Analogia entis*, tema que retoma em *Todo-Ritmo* (1962). Articula aí magistralmente transcendência e imanência, levantando na época muita discussão e inclusive o rechaço frontal de Barth, opondo-se-lhe com a ideia de "analogia fidei", oposição posteriormente superada.

1936

J.A. JUNGMANN lança a "teologia querigmática", apoiada pelos seus colegas de Innsbruck, F. LAKNER e H. RAHNER, proposta muito discutida na época. Em 1948 publica seu monumental *Missarum Sollemnia*.

1936

Jacques MARITAIN († 1973), maior representante do neotomismo, lança *Humanismo Integral*, que inspirou várias tentativas de "Democracia cristã" na América Latina. De sua obra imensa, destaca-se *Distinguir para unir, ou os graus do saber* (1932), bem articulado tratado filosófico de epistemologia. Raïssa MARITAIN († 1960), sua esposa e companheira intelectual, foi filósofa, poetisa e ensaísta religiosa.

1937

M.-D. CHENU († 1991) lança um programa de renovação da teologia em *Le Saulchoir, uma escola de teologia*. Foi dos teólogos mais comprometidos com a problemática do mundo atual, especialmente em relação às questões do trabalho, da economia e das massas.

1937

Richard NIEBUHR († 1962), irmão menor de Reinhold, publica *O Reino de Deus na América* na linha do "Evangelho Social", mas numa ótica nova: a da relação fé cristã e cultura moderna. Nessa linha escreveu também *Cristo e Cultura* (1951) e *Monoteísmo radical e cultura ocidental* (1960).

1940

Converte-se ao catolicismo Adrienne VON SPEYR († 1967), leiga suíça, casada duas vezes, visionária, que teve uma inteligência sapiencial da fé e que pôs no centro a mística da fé-obediência, como se vê em sua obra *A Serva do Senhor* ou no *Livro da obediência*. Esteve estreitamente ligada a von Balthasar, cuja teologia inspirou e com quem fundou um instituto secular, a "Comunidade de João".

1942

Sai o volume I da grande obra eclesiológica *A igreja do Verbo Encarnado* de Ch. JOURNET († 1975); o volume II sai em 1951 e o III em 1969. É a "obra dogmática mais profunda que se escreveu sobre a Igreja em nosso século" (Y. Congar).

1943

PIO XII lança duas encíclicas que tiveram um efeito liberador sobre o pensamento respectivamente eclesiológico e exegético: *Mystici Corporis* e *Divino Aflante Spiritu*.

1943

D. BONHÖFFER († 1945), que entrara na resistência ao nazismo desde 1940, é posto na prisão, onde escreve *Resistência e submissão* (publicado em 1951). Aí enfrenta a questão da secularização, levantando a ideia de um cristianismo "arreligioso". Tinha sido um dos principais expoentes da "Igreja Confessante", cujo manifesto, a "Confissão da fé Barmen" (1934), deslegitimava sem meias medidas as pretensões totalitárias de Hitler. Morreu enforcado em abril de 1945.

1943

Morre tuberculosa, com 34 anos, a filósofa judia Simone WEIL. Viveu no limiar da Igreja. Militante política, entrou no trabalho de fábrica para viver a *Condição operária*, nome de uma obra sua. É autora, entre outras obras, de *A gravidade e a graça* (1948).

1946

Abre-se a polêmica sobre a "théologie nouvelle", capitaneada pelos jesuítas de Lião, sobressaindo-se H. DE LUBAC († 1991). Este publica *Sobrenatural* (1946), em seguida condenado. Em 1937 tinha lançado *Catolicismo: aspectos sociais do dogma*, e em 1944 *O drama do humanismo ateu*. A "nova teologia" é condenada por Pio XII através da *Humani Generis* (1950). Entre os outros jesuítas envolvidos na polêmica (H. Bouillard, H. Rondet), distingue-se J. DANIÉLOU († 1974) através de seus trabalhos teológicos sobre os Padres.

1946

O. CULLMANN (* 1902), teólogo protestante suíço, publica *Cristo e o tempo*, sublinhando que a Revelação se dá na história, cujo centro é Cristo, o qual funda, pela sua Ressurreição, a dialética do "já" e do "ainda não".

1947

M. SCHMAUS (* 1897) publica sua *Dogmática Católica* em 5 vol., ampliada a partir dos 3 vol. iniciais de 1938. Era a primeira grande síntese renovadora da teologia católica. Baseando-a na Escritura e nos Padres, punha-a em confronto com os problemas vitais do ser humano. Em 1969 sai o manual de dogmática *A fé da Igreja*, em 6 volumes.

1947

Sai o vol. I de *Teologia das realidades terrestres* de G. THILS (* 1909), professor da Universidade Católica de Lovaina (Bélgica). O vol. II sairá dois anos depois. Assim, com outros teólogos daquela universidade, abria à teologia a nova problemática dos valores terrestres, que iria se refletir no Vaticano II, particularmente na *Gaudium et Spes*.

1948

O teólogo ortodoxo N. BERDIAEV († 1948) é expulso da União Soviética, por lutar pela liberdade de pensamento. Ele mesmo propugnava a compatibilização entre Cristianismo e Marxismo.

1950

Y. CONGAR († 1995) publica *Verdadeira e falsa reforma da Igreja*, livro condenado por Roma e reabilitado depois do Concílio. Pioneiro do ecumenismo católico, escreveu já em 1937 *Chrétiens désunis* como 1º vol. da "Unam Sanctam" (77 vol. até 1970), coleção que fundou e dirigiu. Em 1954 foram-lhe infligidas sanções canônicas, sendo afastado do ensino até 1968. Sua obra eclesiológica de maior peso é *A Igreja: de Santo Agostinho à época moderna* (1970). É considerado um dos maiores artífices do Vaticano II. Foi feito Cardeal em 1994.

1950

Começam a ser publicadas as *Obras* de Edith STEIN († 1942), filósofa judia convertida (1921), feita carmelita (1933) e por fim cremada em Auschwitz pelos nazistas. Escreveu no Carmelo *Ser finito e ser eterno* e *A ciência da cruz*. Foi beatificada em 1987.

1950

O filósofo protestante P. RICOEUR (* 1913) publica o 1º vol. da *Filosofia da vontade*. Sua produção subsequente no campo da hermenêutica interessa no mais alto ponto à teologia.

1953

P. EVDOKIMOV († 1970), teólogo russo, começa seu magistério teológico no Instituto S. Sérgio de Paris. Foi grande propagador da espiritualidade ortodoxa no Ocidente. Sua obra *Ortodoxia* (1959) constitui hoje um clássico.

1954

É fundada a *Conferência dos Religiosos do Brasil* (CRB), que, através de sua produtiva "Equipe de Reflexão Teológica", muito contribuiu para a renovação da teologia da Vida Consagrada. O órgão correspondente para a América Latina e Caribe, a CLAR, foi fundada em 1958.

1954

B. HÄRING (* 1912) publica o primeiro dos três volumes de *A lei de Cristo*, traduzida em 14 línguas. Retomou 25 anos depois (a partir de 1979) o tratamento sistemático da moral em outros três volumes: *Livres e fiéis em Cristo*.

1957

Gerhardt VON RAD († 1971) publica o primeiro dos seus dois renovadores volumes *A Teologia do Antigo Testamento*, saindo o segundo em 1960. Põe aí em relação a história como categoria essencial da religião de Israel.

1958

J. COMBLIN (* 1923), teólogo belga, se estabelece na América Latina (Brasil, Chile, Equador), exercendo grande influência sobre a pastoral da Igreja do Continente e enriquecendo criticamente a reflexão da Teologia da Libertação.

1960

Primeiro debate público no "Lovanium" de Kinshasa sobre "teologia africana", abrindo a problemática do que se chamaria depois a "inculturação". Essa corrente cresce fortemente a partir dos anos 70, fazendo aparecer novos nomes de teólogos como E. MVENG († 1995), J.-M. ELA, M. HEBGA (os três dos Camarões), A.N. MUSHETE (Zaire), J.S. MBITI (Quênia), J.S. UKPONG (Nigéria), Ch. NYAMITI (Tanzânia), S. MAIMELA (África do Sul), M. KEBGA, O. BIMWENY, incluindo mulheres como Mercy Amba ODUYOYE (Gana).

1961

W. PANNENBERG (* 1928) edita *Revelação como História*, obra do "Círculo de Heidelberg". Em 1973 publica sua *Epistemologia e Teologia*, reivindicando para a teologia, em confronto com o debate epistemológico moderno, o estatuto de ciência.

1961

H. Urs von BALTHASAR († 1988) inicia a redação da trilogia *Glória, Teodramática* e *Teo-Lógica*, espécie de "Suma Teológica", em 10 grossos vol. em alemão, mais o *Epílogo*. *Glória*, em 7 tomos, está centrada na ideia de beleza. Antes do Concílio, em 1952, escreve *Abater os bastiões*, instando a Igreja a sair de sua situação de gueto. Depois do Concílio mostrou-se mais reservado, fundando em 1971, com J. Ratzinger, a revista *Communio* como alternativa à *Concilium*.

1962

O Santo Ofício lança um *Monitum* contra os escritos de P. TEILHARD DE CHARDIN, SJ, cujas *Obras completas* tinham começado a ser publicadas no ano de sua morte († 1955). Teilhard elaborara uma grandiosa concepção religiosa da evolução, expressa, sob forma mística, em *O meio divino* (1926) e, sob forma filosófico-científica, em *O fenômeno humano* (1948).

1962

A Conferência Nacional dos Bispos do Brasil (CNBB), fundada em 1952, publica, a pedido de João XXIII, o *Plano de Emergência*, que determinará toda a pastoral de conjunto no país, com reflexos na teologia. Em 1965 sai o 1º *Plano de Pastoral de Conjunto* (PPC).

1962

E. FUCHS († 1983) e G. EBELING (* 1912), discípulos de Bultmann, começam a dirigir *Pesquisas hermenêuticas de Teologia*. Em seus trabalhos, a teologia, arrancando da exegese crítica, mas atravessando-a e indo além, se mostra como o equivalente de uma hermenêutica da fé para hoje. Fuchs, em particular, obstaculado pelos nazistas em seu trabalho acadêmico, havia-se entregado até 1949 à atividade pastoral, o que foi determinante para a orientação prático-existencial de sua hermenêutica.

1963

Sai nos EUA o vol. III e último da *Teologia Sistemática* do teólogo protestante P. TILLICH († 1965), obra iniciada em 1951. Ele dá muita importância ao "princípio protestante" como dispositivo crítico de tudo o que se afasta do Evangelho.

1964

J. MOLTMANN (* 1926), dos teólogos protestantes atuais mais expressivos, publica Teologia da Esperança, desenvolvendo a dimensão política da fé a partir da escatologia. Em 1972 dá a lume *O Deus Crucificado* e em 1975 *A Igreja na força do Espírito*.

1965

Termina o Concílio Vaticano II, iniciado em 1962, que renovou toda a vida da Igreja Católica, inclusive a teologia, tanto em seus temas quanto em seu método. No mesmo ano E. SCHILLEBEECKX, K. RAHNER, Y. CONGAR e H. KÜNG fundam a revista internacional *Concilium*.

1966

É publicado o *Catecismo Holandês*, cujas linhas fundamentais saíram das mãos de E. SCHILLEBEECKX (* 1914) e P. SCHOONENBERG (* 1911) e que tem uma grande difusão pelo mundo. Roma intervém pedindo modificações.

1967

Paulo VI cria a *Comissão Teológica Internacional* (CTI), reunindo teólogos de todo o mundo católico e colocada sob a direção da Congregação da Doutrina da Fé.

1968

Sai *A teologia do mundo* de J.B. METZ (* 1928), prócer da "teologia política" europeia. Representante feminina dessa corrente é Dorothee SÖLLE (* 1929), autora de *Paciência revolucionária* (1974) e *Amar e trabalhar* (1985).

1968

Saem os *Documentos de MEDELLÍN*, da II Conferência Episcopal Latino-Americana (CELAM), que impulsionaram decisivamente a pastoral e a teologia no Continente e mais além. Esse órgão tinha sido fundado em 1955, em sua 1ª Conferência, no Rio de Janeiro.

1960 (fins de)

Crescem, principalmente nos países anglo-saxões, as publicações de "teologia feminista" por obra de M. DALY, R. RUE-

THER, L. RUSSEL, E. SCHÜSSLER-FIORENZA, C. HALKES, E. MOLTMANN-WENDEL, K. BOERRESEN, mas também de C. MILITELLO, A. VALERIO (Itália), assim como de E. TAMEZ, M.P. AQUINO (América Latina), M.C. BINGEMER, I. GEBARA (Brasil).

1970
J. CONE publica a representativa obra *Teologia negra da libertação*, que estimula, nos EUA e na África, a elaboração de toda uma série de obras nessa linha.

1970
O filósofo de Lovaina (Bélgica) Jean LADRIÈRE (* 1921) publica *A articulação do sentido*, que discute as relações entre filosofia, ciência e palavra da fé. Em 1977 vem a lume seu livro *Os desafios da racionalidade*, obra original sobre o drama atual da cultura a partir de um colóquio organizado pela UNESCO. Toda a produção desse filósofo tem um grande interesse para o teólogo.

1971
G. GUTIÉRREZ, peruano, sai com *Teologia da Libertação*, marca do importante movimento teológico, hoje internacional, que tomou esse nome. No mesmo ano e numa linha semelhante, H. ASSMANN publica *Opressão e Libertação* e, dois anos mais tarde, *Teologia desde a prática de libertação*.

1971
Carlos MESTERS (* 1931), o representante mais conhecido da "nova maneira de ler a Bíblia" (na ótica dos pobres), publica o primeiro curso bíblico nessa perspectiva: *Deus, onde estás?* Em 1973 é publicada a coleção *Círculos bíblicos*, com mais de 40 fascículos. Em 1978 Mesters funda, com uma equipe ecumênica, o Centro de Estudos Bíblicos (CEBI) para difundir o novo método. É o principal animador do projeto "Palavra é Vida", lançado em 1988 pela *Conferência Latino-Americana dos Religiosos* (CLAR) e consubstanciado em 7 fascículos, cobrindo toda a Bíblia.

1972
B. LONERGAN (1984), jesuíta canadense, dá a lume *O método em teologia*, onde coloca a conversão como o princípio fundante e qualificante da teologia, e considera suas operações metodológicas (pesquisa, interpretação, etc.) como comuns a toda ciência. Sua influência se reduziu praticamente à nova geração de teólogos norte-americanos.

1974

Aparece a obra coletiva *O desafio da teologia na África do Sul,* que põe no cenário teológico uma nova linha de reflexão, também denominada "teologia contextual", forma de "teologia negra", representada por D. TUTU (Nobel da Paz em 1984), St. BIKO, A. BOESAK, S. MAIMELA, A. NOLAN e outros.

1976

Nasce a *Associação Ecumênica dos Teólogos do Terceiro Mundo* (ASETT), fundada, num 1º Encontro, em Dar es Salaam (Tanzânia). Desde então as teologias africana, asiática e latino-americana obtêm direito de cidadania na Igreja e se afirmam maiormente no cenário mundial.

1976

J. SOBRINO (* 1938), maior cristólogo da Teologia da Libertação, lança *Cristologia a partir da América Latina,* ao qual segue *Jesus na América Latina* (1987) e enfim *Cristologia da libertação* (1994), retomando os anteriores.

1976

K. RAHNER, SJ († 1984), publica a síntese de seu pensamento teológico em *Curso fundamental da fé.* As ed. Benziger e Herder estão publicando sua obra integral: *Sämtliche Werke,* prevista em 32 vol. É considerado entre os maiores teólogos católicos do século. Dirigiu com A. DARLAPP a enciclopédia teológica *Sacramentum Mundi,* 4 vol. (1967-1969) e com J. HÖFER o *Lexikon für Theologie und Kirche,* 11 vol. (1957-1967).

1979

H. KÜNG (* 1928) é privado da *missio canonica* em Tübingen por causa do livro *Infalível? Uma pergunta* (1970). Continua autor extremamente prolífico.

1981

Bruno FORTE (* 1949), o mais prestigioso teólogo italiano, publica *Jesus de Nazaré,* de ampla repercussão (7 ed. até 1994). O eixo teológico principal de sua teologia é a perspectiva trinitária, que aplica a Maria e à Igreja, como se vê respectivamente em *Maria, mulher ícone do Mistério* (1989) e *A Igreja da Trindade* (1995).

1981

O Cardeal Joseph RATZINGER (* 1927) é chamado por João Paulo II para ser Prefeito da Congregação da Doutrina da Fé. Inicia-se um período de rigoroso controle da produção teológica. É autor da bem-sucedida *Introdução ao cristianismo* (1968) e no ano seguinte de *O Novo Povo de Deus* (1969).

1982

Vem a lume em Paris a obra coletiva *Deus na Ásia*, mostrando a emergência de uma nova problemática teológica: o diálogo cristianismo e grandes religiões orientais, incluindo seu potencial de libertação. Além dos nomes já conhecidos, como H. LE SAUX e R. PANIKKAR, novos nomes tomam assento no cenáculo teológico, como os filipinos C. ABESAMIS, C. AREVALO, F. CLAVER e C.R. ÁVILA; os cingaleses A. PIERIS, T. BALASURI-YA; os indianos M. AMALADOSS, D. AMALORPAVADASS, G. SOARES-PRABHU, A. RAYAN, A.P. NIRMAL, representante da teologia "dalit" (dos oprimidos), e outros. Na Coreia do Sul surge a teologia do "minjung", com nomes como Ahn BYUNG-MU, com ramificações em Singapura, China e Vietnã; e sai a obra *Teologia do terceiro olho* (1979) do pastor chinês Choan-Sen SONG. No Japão aparecem os nomes: do luterano K. KITAMORI que, em sua *Teologia do sofrimento de Deus* (1964), teologiza a partir de concepções budistas e próprias do Japão; e de Kosuko KOYAMA, que ensina também na Tailândia e Birmânia.

1983

Mircea ELIADE (* 1907), rumeno, completa sua "suma": *História das crenças e das ideias religiosas*, em 4 vol., iniciada em 1976.

1984

Leonardo BOFF (* 1938) é convocado a Roma para um colóquio com o Card. RATZINGER, Prefeito da Congregação da Doutrina da Fé, a propósito do polêmico *Igreja, Carisma e Poder* (1981). O desfecho foi a pena de um ano de "silêncio obsequioso", e o resultado foi ter tornado mundialmente conhecida a Teologia da Libertação. A produção de L. Boff se aproxima de meia centena de obras, muitas das quais traduzidas em vários idiomas.

1984

É publicada a *Libertatis Nuntius*, instrução romana de crítica à Teologia da Libertação. Dois anos depois (1986) sai outra instrução, mais construtiva, *Libertatis Conscientiae*.

1985

Fundação da Sociedade de Teologia e Ciências da Religião (SOTER), reunindo centenas de teólogos e estudiosos da religião brasileiros.

1989

Durante a "Intifada", surgem os primeiros ensaios de "teologia da libertação palestina" por obra de Namim S. ATEEK e de Geries SAIED.

1989

E. SCHILLEBEECKX (* 1914) termina sua grande obra cristológica com o III vol., intitulado *Humanidade, a história de Deus*. Os dois anteriores eram *Jesus, a história de um vivente* (1974) e *O Cristo, a história de uma nova práxis* (1977).

1990

A Congregação da Doutrina da Fé publica a Instrução *Veritatis Donum*, "sobre a vocação eclesial do teólogo", suscitando a reação crítica de diferentes círculos teológicos do mundo.

CAPÍTULO 24

Como estudar teologia

Daremos aqui algumas indicações para o estudo concreto da teologia. Essas indicações devem ser tomadas de modo flexível, a título de simples sugestões[113].

Valemo-nos aqui de algumas regras importantes de todo trabalho científico, regras que são explicitadas por uma disciplina particular: a metodologia do trabalho científico, mas que aqui são apresentadas no interesse do estudo teológico[114].

Abordaremos a seguir quatro processos de aprendizado:

– a aula magistral;

– o estudo privado;

– o trabalho de grupo, especialmente o seminário;

– e a pesquisa.

---

113. Para o aprendizado da teologia em geral cf. INSTITUTO TEOLÓGICO SÃO PAULO, *Aprenda a aprender.* Introdução à metodologia da aprendizagem, ITESP/Loyola, São Paulo, 1995 (com bibliografia); Zoltan ALSZEGHY – Maurizio FLICK, *Como se faz teologia*, Paulinas, São Paulo, 1979, cap. 7, o último: "O estudo da teologia", talvez a parte melhor e mais útil do livro; Gaspare MURA – Mario DI IANNI, *Metodologia.* Con una guida bibliografica per lo studio della filosofia e della teologia, Urbaniana University Press, Roma, 1995, espec. cap. 2, (aulas) e cap. 4 (seminários).

114. Cf. Júlio FRAGATA, *Noções de metodologia*, Col. Educ-ação 1, Loyola, São Paulo, 1981 (1ª ed. Tavares Martins, Porto, 1967); Antonio J. SEVERINO, *Metodologia do trabalho científico*, Cortez, São Paulo, 1986, 13a. ed.; Cleverson BASTOS – Vicente KELLER, *Aprendendo a aprender.* Introdução à metodologia científica, Vozes, Petrópolis, 1992, 3ª ed.; Rafaello FARINA, *Metodologia.* Avviamento alla tecnica del lavoro scientifico, LAS, Roma, 1978, 3ª ed.

AULA MAGISTRAL

Sua importância

Nada, nem o estudo particular, nem o computador e nem o vídeo podem substituir uma aula magistral desenvolvida ao vivo. E isso por muitos motivos:

1. A aula magistral oferece um *conhecimento orgânico* de um tema. O autodidata, privado de mestre, contrai este defeito: adquire apenas um conhecimento fragmentário, pouco harmônico, sem ver a relação entre o importante e o secundário. Um aluno que se inicia numa ciência qualquer é como alguém que penetra pela primeira vez numa floresta: precisa de um guia. E isso vale especialmente para a teologia, que tem quase dois mil anos de produção, e mais ainda para o estudo da religião em geral, que é um dos saberes mais antigos e complexos da humanidade;

2. A aula magistral mostra também ao vivo *como se aborda concretamente um tema*, como se desenvolve e como se encontram soluções. Nisso joga muito a personalidade do professor. Quando esse é um verdadeiro mestre, deixa marcas no aluno, como as de um pai sobre o filho. O professor mexe com moventes profundos, de tipo afetivo e existencial, presentes na alma do aluno, moventes pré-intelectuais, que condicionam toda a sua ulterior orientação intelectual;

3. Uma aula magistral tem maior *eficácia*, isto é, ela grava os conhecimentos de maneira mais forte que quaisquer outros recursos pedagógicos. Isso porque ela mobiliza várias faculdades ao mesmo tempo: não só o pensar (como faz um livro), nem só o ouvir (como um rádio) e nem só o ver (como um vídeo ou a TV). Na aula as três coisas operam. E se a aula é dinâmica e participada, entra um quarto elemento: a ação. Aí então se vê, se ouve, se pensa e se trabalha. É notável a diferença que existe entre uma aula viva e sua mera transcrição, sua gravação ou mesmo sua filmagem.

Participação na classe

É importante que a aula magistral seja *participativa*. A tradição pedagógica latino-americana marcada pelo "método Paulo Freire" e pela metodologia do trabalho de base em geral é extremamente sensível à ideia de participação.

A participação em aula não é algo de exterior ao próprio ato do conhecimento. Não é mero expediente didático ou simples concessão pedagógica. A participação faz parte intrínseca de todo o conhecer. Saber é construir. E isso vale mais ainda do conhecer teológico, que se faz no contexto do *dialogus salutis* e que solicita, por isso, a reação ativa do ouvinte, considerado sempre sujeito e parceiro da Palavra[115].

Certo, o noviço em teologia precisa "receber", antes de se pôr a investigar e a criar. Mas receptividade não é passividade. É também certo tipo de atividade, ainda que mais fino e profundo. Pois o "recipiente humano" sempre recebe assimilando, reprocessando, recriando. E fá-lo a partir de sua personalidade, de suas matrizes culturais próprias e inclusive de sua "teologia espontânea". Ele precisa reconhecer, confrontar e mesmo enriquecer tudo o que ouve e integra, partindo de suas interrogações e experiências. Todo processo de aprendizado é de certo modo seletivo, crítico e criativo. Um professor que não leva em conta isso não é verdadeiro mestre.

Portanto, o professor deve equilibrar bem os dois momentos:

1. O momento da *socialização do saber* teológico, no qual o aluno ouve e assimila o conteúdo central da matéria, as chaves interpretativas e a síntese dos dados. Note-se, como dissemos, que nisso já se dá uma participação ativa do aluno, segundo a máxima latina: "Tudo o que se recebe, é recebido ao modo do recipiente";

2. O momento da *construção do saber* teológico, quando o estudante não só assimila e reelabora os dados, mas os enriquece com sua leitura pessoal e com a discussão de grupo, e confronta esses dados com sua prática[116].

Ademais, o objetivo principal da aula magistral não é a "aprendizagem acumulativa", mas a "aprendizagem exemplar". Por outras palavras, não se trata de encher a cabeça dos alunos de *dados*, mas sim de fazê-lo assimilar *regras*. O importante não é tanto aprender teolo-

---

115. Cf. Norbert METTE, "Aprender teologia. O estudo da teologia em visão didática", in *Concilium*, 256 (1994/6) 142-157.

116. Cf. João Batista LIBÂNIO – Afonso MURAD, *Introdução à teologia*. Perfil, enfoques, tarefas, Loyola, São Paulo, 1996, p. 237-238.

gias quanto aprender a teologizar. O problema não é a quantidade, mas a qualidade. É aqui, em particular, que se situa a pertinência do curso de Metodologia teológica.

Sem dúvida, é indispensável possuir pessoalmente um mínimo de dados – os elementos básicos, como diremos logo à frente. No mais, o que mais importa é despertar no estudante o gosto e mais ainda o hábito do estudo, para que ele, depois, por própria conta, busque as informações de que precisa. É por isso que se insiste hoje na "formação permanente"[117]. E é também para isso que existem os cursos de "atualização".

Anotações de aula

Na medida do possível, é recomendável seguir um texto-base para as aulas. Contudo, nenhum manual dispensa o trabalho pessoal do aluno através de anotações pessoais, leituras complementares, pesquisas, etc.

O que anotar? Não tudo o que se ensina em classe, mas as coisas *importantes*, assim como as *interessantes* (uma comparação, um exemplo ou uma citação).

Como anotar? Eis algumas sugestões:

– resumir as ideias expostas, usando um código próprio de abreviação;

– conservar o quanto possível a ordem da exposição, para o que ajuda muito numerar: 1, 2, 3... ; ou a, b, c...;

– destacar, sublinhando, os termos ou as frases mais importantes;

– anotar também as questões ou as observações pessoais que surgem na cabeça durante a exposição do professor.

---

117. Nisso insiste inclusive o Vaticano II: PO 19, PC 11, AA 29.

Dinâmicas de uma aula participativa

Há dinâmicas mais informais e outras mais formais. Durante a aula convém que o professor proponha dinâmicas *informais* ou leves que envolvam os alunos: um depoimento, um caso ou uma pergunta.

Sobre as perguntas, convém distinguir as *de esclarecimento* ou de compreensão em torno do tema que está sendo exposto; e as perguntas *críticas*, que visam aprofundar o assunto.

Mas há dinâmicas *formais*, mais arrumadas, como:

– O *cochicho*. É um zunzum que se cria em grupinhos de 2 ou de 3, para discutir uma pergunta precisa por 2 ou 3 minutos. Existe também a técnica chamada 6/6: grupos de 6 discutindo 6 minutos. O tempo e o modo dependem sempre da natureza da questão a se discutir. Terminado o tempo, põe-se no quadro-negro o resultado do cochicho, abre-se a discussão e por fim o professor faz a chamada "amarração";

– O *grupo de estudo* ou círculo de debate. É a dinâmica mais comum. Um grupo de umas 6 a 7 pessoas discutem uma pergunta, um tema, um caso, ou um problema concreto. Depois, em plenário, apresentam as conclusões possivelmente de modo criativo através de encenações, poesias, cartazes, etc. Segue-se o debate aberto e – como sempre – a "amarração" do animador;

– O *painel* ou simpósio. 4 ou 5 pessoas expõem seu pensamento sobre um tema a partir de ângulos distintos. Seguem-se perguntas de esclarecimento ou de aprofundamento da parte da classe. O professor fecha, comentando o dito e explicitando as conclusões. A *mesa-redonda* é uma espécie de painel, mas onde um tema é debatido inicialmente entre os membros de um grupo, entrando os presentes num segundo momento;

– O *congresso*. Consiste em reservar um tempo intensivo (um dia inteiro, um fim de semana ou uma semana toda) ao estudo de uma temática teológica específica. Aí entram conferências, grupos de estudo e plenárias.

ESTUDO INDIVIDUAL

Todo estudo supõe duas fases: a primeira, a aprendizagem; e a segunda, a pesquisa. A aprendizagem vale especialmente para o estudo fundamental; e a pesquisa, para o estudo especializado.

A *aprendizagem* consiste em assimilar e mesmo memorizar as informações de base ou os dados elementares de uma disciplina, como, por ex., datas, eventos e personagens históricos ou regras técnicas. Esse é o momento *receptivo* de um saber, embora – insistimos – não passivo, porque sempre re-criativo em nível pessoal.

Já o momento da *pesquisa* implica em, a partir dos dados fundamentais de uma ciência, investigar outros dados, fazer-lhes a crítica e criar novas propostas explicativas. Esse é o papel da pesquisa, dos seminários e das teses. É o momento *criativo*.

Nada mais deslocado, para quem se inicia numa disciplina, do que a pretensão de se arvorar em crítico e criador. Precisa antes, com toda a humildade, apreender os fundamentos da nova disciplina. Só depois é que poderá criticar com base e criar sem arbitrariedade.

Analisemos agora concretamente como se dá o estudo pessoal *fundamental*, isto é, aquele relativo ao aprendizado dos fundamentos e dos resultados seguros de um saber. Mais à frente trataremos do estudo especializado, quando falarmos da pesquisa.

Pois bem, em que consiste o estudo fundamental? Consiste em leituras, apontamentos e memorização.

1. Leitura

Nesse ponto, o importante não é ler muito, mas selecionar: ler poucos livros, mas bons. Os franceses recomendam: *Non pas lire, mais élire* (não ler, mas escolher).

Como saber se um livro vale a pena? Por recomendação de um entendido, que pode ser o professor mesmo, pela leitura de uma recensão ou pela indicação de um entendido. Mas existe também um caminho pessoal: folheando o livro. É a leitura de reconhecimento ou pré-leitura.

Leitura de reconhecimento

Embora possa ser um *hobby* (o preferido de Marx), folhear um livro supõe certa técnica. Como folhear com proveito um livro e saber se vale a pena lê-lo e eventualmente comprá-lo? Valham aqui as seguintes sugestões:

a) Dar uma olhada no *frontispício* – a página interna onde estão registrados os dados indicativos do livro: título, subtítulo, autor, edições, editora, cidade, data. Já por aí se pode ter alguma ideia do livro. Assim:

– pelo nome do autor, pode-se ter alguma ideia do "peso" da obra;

– pelo subtítulo, de que tema trata de modo mais explícito;

– pelas edições, se o livro foi muito lido;

– pela editora, se é "de nível", recomendando o livro, ou ao contrário; e assim por diante;

b) Passar para o *índice*. Ver como a matéria é detalhada e como é estruturada. Por aí já se tem uma síntese, ainda que extremamente condensada do conteúdo. Poder-se-á sentir se são levantados os principais problemas; se o tratamento é concreto ou prático; se é bem ordenado, etc.;

c) Ir para a *introdução* e depois para a *conclusão*, lendo pelo menos alguns de seus parágrafos, para perceber como o autor aborda o assunto, seu estilo, seu vigor;

d) Enfim, se houver tempo, dar uma *folheada à toa* no livro, parando num ou noutro parágrafo. Às vezes acham-se assim algumas ideias que despertam a curiosidade e levam a ler o livro. Não desprezar esse método intuitivo, pois a intuição por vezes é mais certeira que a razão.

Não precisa dizer ainda que a *biblioteca* deve ir-se tornando, para o aluno que quer realmente progredir, um lugar familiar. Depois de uma visita introdutória, guiada pelo bibliotecário ou por um professor, o estudante deve ir-se habituando a se situar dentro da biblioteca: como consultar os fichários, qual o lugar das grandes enciclopédias, das principais coleções, das revistas e assim por diante.

Dois tipos de leitura

Existem basicamente dois tipos de leitura: a interpretativa e a crítica.

A *leitura interpretativa* busca saber apenas o que o autor disse ou quis dizer, sem tomar posição pessoal frente ao texto e ao mérito de suas afirmações. Trata-se aqui na verdade de um exercício de *hermenêutica* textual. É chamada também "leitura de compreensão". Ela é decisiva para a teologia, máxime para a Escritura, mas também para as autoridades teológicas em geral: os Padres, os Escolásticos, o Magistério, a Liturgia.

Para este tipo de leitura em geral, valem as regras hermenêuticas como:

- esclarecer as palavras ou conceitos difíceis;
- explicitar os pressupostos ou os subentendidos do autor;
- pôr o texto no seu contexto social e cultural;
- identificar a ideia central e a partir dela outras, a começar pelas mais importantes.

Já a *leitura crítica* examina a solidez das ideias expostas, pronunciando-se sobre elas, pondo-as sob o juízo da verdade. Isso não é pura hermenêutica, mas sim reflexão crítico-analítica. Como se percebe, esta leitura supõe a leitura interpretativa. Pois não se pode legitimamente criticar um autor sem antes tê-lo compreendido bem. E isso é lógico, além de ser justo, embora muitos se esqueçam disso.

A leitura crítica não se dobra facilmente a regras preestabelecidas. E é natural. Todavia, na análise crítica de um texto, são de valia indicações como as seguintes:

- julgar os pressupostos de um texto, ou seja, captar o que está nas entrelinhas;
- provar a consistência da argumentação, sua coerência, seu rigor lógico;
- relacionar o texto com seu contexto cultural, para descobrir suas influências ou então sua originalidade;
- confrontar as teorias do autor em análise com as de outros autores;
- discutir as consequências concretas de uma teoria no campo pastoral ou social (em relação ao poder, aos pobres, etc.).

2. Apontamentos de leitura

"Lectionem sine calamo temporis perditionem puta": leitura sem caneta repute perda de tempo. Quer dizer: é preciso tomar nota do que se lê; fazer uma leitura por assim dizer "armada".

Se o livro é pessoal, podem-se fazer anotações e sinais no próprio livro; ou então far-se-ão anotações à parte: em caderno, em folhas soltas ou em fichas.

O que anotar?

– Resumos de ideias importantes, interessantes ou úteis;

– Frases expressivas, a citar literalmente e com precisão;

– Ideias pessoais que a leitura do livro suscitou: críticas, comentários ou ideias novas.

Como devem ser as anotações? Devem ter, o quanto possível, as qualidades indicadas nestes quatro "c"s: curtas, claras, corretas e completas.

Toda anotação deve registrar corretamente a *fonte*, isto é, a publicação de onde proveio. Não é este o lugar de entrar nos inúmeros detalhes de como referir uma citação, tanto mais que existe mais de um *sistema de citação*[118]. A regra geral é guardar a *homogeneidade*: citar sempre da mesma forma, sem variações.

Indiquemos, aqui, por grosso, como se podem fazer as citações mais comuns, que são respectivamente as de um livro e as de um artigo de revista.

Para um *livro*, põem-se em geral, separando-as com vírgula, as seguintes referências:

1) o nome do autor (o sobrenome em geral em maiúscula e o nome abreviado);

2) o nome do livro, sublinhado (ou em negrito, ou ainda em itálico);

3) o subtítulo, não sublinhado;

4) a coleção onde saiu (mas não é indispensável);

5) a editora (podendo deixar fora a palavra "editora" ou "edições" ou abreviar por Ed.);

6) o lugar (traduzindo os nomes de cidade que tem tradução em português);

7) a data;

8) o número de edições;

9) lugar do livro onde se encontra a referência (páginas ou colunas).

---

118. Ver, para isso em particular, as publicações da ABNT (Associação Brasileira de Normas Técnicas).

Para *artigo de revista*, dão-se, também intercaladas por vírgula, as indicações seguintes:

1) nome do autor;

2) nome do artigo, entre aspas;

3) número do volume (ou da revista);

4) ano, entre parênteses;

5) páginas onde se encontra o artigo ou a citação.

Digamos também algo sobre o *resumo* de uma leitura. Essa é uma tarefa elementar em qualquer estudo. O chamado "fichamento" é uma técnica específica de resumo. Já a "esquematização" é um resumo, digamos "esquelético", de um texto, ou seja, sua representação gráfica e visual.

Como resumir? Eis duas regras sumárias:

a) Captar a tese central do texto;

b) Identificar os pontos mais importantes, dando-lhes uma ordem lógica, possivelmente numerando-os: 1, 2, 3...

3. Memorização

Essa atividade, central no passado, hoje perdeu muito de sua importância, pois estão à mão bons substitutos da memória humana: a "memória de papel", contida nos livros, especialmente nas enciclopédias; e a "memória eletrônica", a do computador, que pode armazenar uma infinidade de dados e restituí-los com facilidade. Isso faz com que a "decoreba" de uma vez, particularmente para os exames, perca muito de sua importância hoje.

Mas a memória humana é ainda necessária, especialmente para reter as informações de base ou vitais, como indicamos. Por isso mesmo, certa memorização é indispensável sobretudo nos primeiros anos do estudo de uma disciplina.

Aqui vão algumas indicações para o *método de memorizar*:

1) Compreender o texto que se quer memorizar;

2) Resumi-lo ou esquematizá-lo;

3) Dividi-lo em partes;

4) Memorizá-lo a partir de unidades menores e crescendo até às maiores.

Mas nada ajuda melhor a memorizar do que a *repetição* e mais ainda a *familiarização*. Além disso, saiba-se que quanto mais faculdades se usam, mais a coisa se grava na memória: visualizar, ouvir, dizer, cantar, fazer, dançar, etc.

TRABALHO DE GRUPO, ESPECIALMENTE O SEMINÁRIO

Abordamos agora o estudo de uma questão em regime de "mutirão". Deve-se evitar aqui dois erros: seja concentrar a tarefa numa só pessoa ou em poucas, seja trabalhar o tema de forma independente, justapondo em seguida as partes. Antes, nesse ponto, convém seguir a dinâmica: "separado-junto/separado-junto". Expliquemos:

- *separado*: cada um deve se inteirar da totalidade do tema, lendo, antes, todo o texto a ser trabalhado;
- *junto*: reúne-se o grupo para discutir a divisão das tarefas, se por partes, por perspectivas ou de outro modo;
- *separado*: cada um trabalha a parte que lhe toca;
- *junto*: põe-se em comum a parte trabalhada, esclarecendo algum ponto ainda obscuro e discutindo a harmonização entre as várias partes.

Feito isso, confia-se a alguém a tarefa da redação final. Se o trabalho tiver de ser apresentado, é preciso ainda preparar juntos o modo da apresentação.

Quanto ao *seminário* propriamente dito, esse objetiva o aprofundamento de um tema, seja por obra de uma pessoa ou de um grupo. Supõe o conhecimento prévio das bases do assunto em discussão. Por isso mesmo, um seminário nunca pode se limitar às generalidades ou aos lugares-comuns.

O seminário consta de dois momentos: o estudo propriamente dito e a apresentação.

Quanto ao *estudo*, pode-se usar, de modo flexível, a dinâmica da pesquisa, de que falaremos logo abaixo. Além disso, se o seminário couber a um grupo, este deve observar a dinâmica do trabalho em grupo exposta acima.

Quanto à *apresentação*, consiste na exposição oral do tema estudado. Demos, agora, algumas indicações úteis para ser bem-sucedida.

Apresentação de um tema

Para a exposição de um seminário (mas isso vale para qualquer exposição: aula, conferência, palestra, discurso ou homilia), convém levar em conta os seguintes momentos:

1. *Introdução*. Essa deve motivar os ouvintes. Para isso, recorrer a uma citação, a um fato, a uma tese problemática, enfim, a algo que chame a atenção;

2. *Tese central*. Enuncia-se o que se tem realmente a dizer, sem maiores rodeios;

3. *Desenvolvimento*. Expõem-se sucessivamente as partes da tese ou as subteses, seguindo uma ordem lógica, se possível numerando: 1, 2, 3... Cuide-se em "calçar" as próprias ideias com algum exemplo, imagem ou citação;

4. *Conclusão*. Fecha-se normalmente o discurso com uma síntese, com uma interrogação ou mesmo com uma frase de efeito.

No caso do seminário, à explanação segue-se o debate aberto e por fim a conclusão (pelo professor ou pelo responsável do seminário).

Sugestões para uma apresentação

Eis algumas indicações úteis para uma exposição qualquer:

– no caso de se dispor do texto por extenso, não ficar só lendo, mas explicá-lo de modo mais solto;

– usar recursos didáticos: quadro-negro, esquemas, cartazes, faixas, projeções, etc.;

– explicar as palavras difíceis e os termos técnicos mais raros;

– cuidar também do tom da voz: que essa seja audível e expressiva.

Papel do animador

O coordenador do seminário, normalmente o professor (mas pode ser também o responsável do seminário), deve atuar como um *animador*, estimulando a participação, fazendo oportunamente resumos, relançando o debate, passando a palavra e assim por diante. Ele deve se manter na média áurea entre o "moderador", que determina a direção da discussão, condicionando todo o processo de discussão, e o "assessor técnico", que só intervém quando solicitado.

Essas observações valem para qualquer responsável de um trabalho em grupo ou de uma assembleia.

PESQUISA E DISSERTAÇÃO[119]

O trabalho de pesquisa ou investigação, que pode ser mais ou menos extensa, tem geralmente duas fases: a da investigação propriamente dita e a da elaboração (à qual segue às vezes a apresentação).

A pesquisa pode ser feita em cima de livros: é a pesquisa *teórica*; ou em cima da realidade: é a pesquisa *de campo*. Mas pode também haver pesquisa que combina as duas coisas.

1. Fase de investigação

Para essa fase, é bom levar em conta o seguinte percurso:

1. *Escolher o assunto*. Este deve ter pelo menos duas qualidades: ser importante e ser interessante: *importante*, porque a transcendên-

---

119. Aproveitamos, alargando, as sugestões para dissertação de Marcello SEMERARO – Giovanni ANCONA, *Studiare la teologia dogmatica*, Vivere in, Roma, 1994, p. 149-167, mais a bibliografia na p. 152, nota 6. Para monografia, cf. Délcio Vieira SALOMON, *Como fazer uma monografia*, Interlivros, Belo Horizonte, 1978. Para tese de doutorado, cf. Umberto ECO, *Como se faz uma tese em ciências humanas*, Presença, Lisboa, 1982; ID., *Come si fa una tesi di laurea*, Bompianti, Milão, 1985.

cia da teologia e a urgência pastoral do povo o exigem; *interessante* porque aquele que vai pesquisar deve sentir-se envolvido, como que "mordido" por seu tema, caso contrário, não levará a efeito o trabalho ou não o fará de modo satisfatório[120].

O assunto a se escolher pode ser de tipo *positivo*, como estudar um autor (o que é sempre mais fácil); ou de tipo *teórico*, como abordar uma problemática específica (e isso é mais desafiador).

É preciso, em seguida, *delimitar* bem o assunto a investigar. Do ponto de vista *material* (ou do conteúdo), o assunto não pode ser nem por demais estreito e nem por demais largo. A medida dependerá do porte da tarefa a se realizar: conferência, artigo, monografia, tese de mestrado ou de doutorado. Agora, do ponto de vista *formal* (ou da perspectiva), é preciso que o tema seja circunstrito do modo menos genérico possível.

Se os contornos, quer materiais, quer formais, são por demais vaporosos, corre-se o risco de ler, no curso da pesquisa, uma infinidade de coisas inúteis, porque periféricas e impertinentes. Ao contrário, apertando ao máximo o tema, não há maiores problemas se, em seguida, for preciso ampliá-lo. Mas haverá certamente problemas quando se abriu demais o leque temático e não se sabe como centrá-lo. Esse cuidado é importante, sobretudo para os que devem apresentar um projeto de trabalho, seja ele uma tese ou não.

2. *Colher o material bibliográfico.* Para isso pode-se começar por consultar um manual, um dicionário ou um estudo especializado, que sempre dão alguma bibliografia básica[121].

3. *Fazer a leitura, acompanhada da fichagem.* Para uma *primeira abordagem* do tema, é bom proceder a alguns estudos exploratórios a partir de obras gerais: um dicionário, uma enciclopédia ou uma obra

---

120. Dizia ARISTÓTELES, *Ética a Nicômaco*, 1. X, c. 5, n. 2: 1175 a 30, apud *ST* II-II, q. 15, a. 3, c: "Unusquisque ea in quibus delectatur optime operatur: contraria vera nequaquam vel debiliter (Cada um trabalha bem quando se deleita no que faz. Do contrário, trabalha mal ou de modo relaxado)."

121. Cf. Délcio Vieira SALOMON, *Métodos e técnicas de pesquisa bibliográfica*, Sulina, Porto Alegre, 1977.

geral sobre o assunto. O que aí se aprende se pode logo anotar através de resumos e esquemas.

A partir dessa primeira visão geral, elaborar um *esquema provisório*, em que se ordenem, de forma mais ou menos lógica, os primeiros conhecimentos obtidos. O esquema deve ser flexível, de modo que possa mudar em função do desenvolvimento da própria pesquisa. Nessa linha, o esquema do "ver, julgar e agir" tem-se mostrado bastante prático.

Em seguida, abordar os *estudos específicos*, constantes da bibliografia, isto é, as obras de aprofundamento, fazendo sempre anotações.

2. Fase de elaboração

Quando a pesquisa pessoal, em seu todo ou em parte, tiver atingido um bom nível de acumulação e de amadurecimento (e isso se sente inclusive psicologicamente), então está na hora de passar à elaboração.

Esta pode se socorrer do seguinte processo:

1. *Organizar o material coletado.* Como primeiro momento, *juntar* de modo sumário as ideias, sem ainda obrigar-se a ordená-las de forma precisa, mas procedendo como quem ajunta material para fazer uma casa. Depois, analisar estas ideias através do confronto recíproco e eventualmente complementá-las através de uma pesquisa ulterior. É aqui que o sistema de fichas revela sua funcionalidade, pois permite ordenar e reordenar sucessivamente as fichas em função de uma estrutura lógica que vai se delineando.

Da análise do material recolhido, surgirá o esquema definitivo, com sua lógica própria. Este deverá ter:

– um começo: a parte *introdutória*;

– um meio: a parte *central*, o corpo do trabalho, subdividido em partes menores;

– e um fim: a parte *conclusiva*.

2. *Desenvolver* as ideias numa primeira redação e assim sucessivamente, até se chegar à redação definitiva. Não é necessário começar a elaboração pelo começo lógico. Pode-se iniciar pela parte em que a pessoa se sente mais segura, ou seja, mais amadurecida intelectualmente ou mais sintonizada psicologicamente.

Na redação, cuidar particularmente do seguinte: valer-se de distinções para desembaraçar problemáticas confusas e para esclarecer conceitos centrais, pois "sapienti est distinguere" (é próprio do sábio distinguir); qualificar as próprias opiniões, usando precisões tais como: provavelmente, talvez, parece, é evidente, diz-se, etc.; estar atento à complementaridade dos pontos de vista ("de um lado..., do outro...") e ao balanceamento dos juízos ("apesar de ..., contudo...").

3. Enfim, *fazer as complementações:* escrever a Conclusão, a Introdução, colocar a bibliografia, os eventuais apêndices e os índices.

Sugestões para a redação[122]

Eis aqui algumas "dicas" para o momento redacional:
- Dar aos capítulos títulos expressivos, além de precisos;
- Apor vários subtítulos no interior de cada capítulo;
- Evitar parágrafos demasiadamente longos;
- Usar frases breves, com, no máximo, duas subordinadas;
- Assinalar as devidas ênfases, por sublinhamentos, com letras em itálico ou em negrito;
- Explicar os termos técnicos e as palavras difíceis;
- Usar uma linguagem simples e clara, evitando o pedantismo e a afetação;
- Não ter medo de usar esquemas explicativos;
- Evitar afirmações banais e lugares-comuns;
- Colocar no rodapé tudo o que pesa no corpo do texto, mas que se mostra útil ou interessante para compreender uma afirmação ou situá-la;
- Evitar, no corpo do texto, digressões que afastem do tema;

---

122. Cf. apenas Joaquim Mattoso CAMARA JÚNIOR, *Manual de expressão oral e escrita*, Vozes, Petrópolis, 1986, 9ª ed. (orig. 1977).

- Usar ganchos literários que manifestem as conexões lógicas: porque, efetivamente, assim, então, além disso, ora, etc.;
- Não abusar dos seguintes recursos literários: maiúsculas, abreviações, três pontos, ponto de exclamação, estrangeirismos e o preguiçoso "etc.".

LEITURA

S. TOMÁS DE AQUINO:
Como estudar[123]

<< Caríssimo João, meu amigo em Cristo.

Já que me pediste de que modo te convém estudar a fim de conquistar o tesouro da ciência, dou-te os seguintes conselhos:

– Procura não entrar imediatamente no mar, mas através dos riachos, pois é preciso progredir das coisas mais fáceis para as mais difíceis. Eis, pois, minha advertência e eis tua norma;

– Exorto-te a seres tardo no falar e avesso a frequentar os salões;

– Mantém pura a tua consciência;

– Não deixes de te entregar à oração;

– Prefere ficar quieto em teu quarto, se desejas ser introduzido no quarto dos vinhos (da Sabedoria);

– Sê amável para com todos;

– Não te perguntes em verdade o que fazem os outros;

– Não tenhas excessiva familiaridade com ninguém, pois isso gera desprezo e fornece ocasião para te afastares do estudo;

– Não te intrometas nas questões mundanas;

– Foge sobretudo de vaguear para cá e para lá (*discursus*);

– Não deixes de seguir os exemplos dos santos e das pessoas boas;

---

123. *Epistola (ad fratrem Joannem) de modo studendi*: apud Marcello SEMERARO – Giovanni ANCONA, *Studiare la teologia dogmatica*, Vivere in, Roma, 1994, p. 168-169. Trata-se de um opúsculo de autenticidade muito provável.

– Não olhes quem te fala, mas tudo o que ouves de bom, confia-o à memória;

– Procura compreender o que lês e ouves;

– Esclarece as dúvidas;

– Como alguém que deseja encher seu recipiente, também tu esforça-te por guardar, no escrínio de tua mente, o máximo de coisas que puderes;

– Não busques o que supera as tuas capacidades (cf. Eclo 3,2).

Seguindo essas pegadas, emitirás e produzirás folhas e frutos úteis na Vinha do Senhor dos exércitos durante todo o curso de tua vida. Caminhando por essa via, poderás chegar ao termo a que aspiras. > >

CAPÍTULO 25

Heurística teológica: instrumentos de trabalho

Indicaremos aqui, na intenção dos iniciantes, as principais referências bibliográficas em teologia[124]. Para isso, adotamos um duplo critério: que as obras sejam *fundamentais* e, o quanto possível, *acessíveis*. Das obras em língua estrangeira só referiremos as mais relevantes, aquelas cuja existência e uso eventual não podem ser ignorados por quem estuda teologia.

OBRAS GERAIS PARA FORMAÇÃO INTELECTUAL

– A.D. SERTILLANGES, *A vida intelectual.* Espírito, condições, métodos, Col. Studium, Saraiva, São Paulo, 1940; também A. Amador, Coimbra, 1957 (do francês: *La vie intellectuelle.* Nouvelle édition revue et augmentée, Ed. de la Revue des Jeunes/Desclée, Paris, 1934).

– J. GUITTON, *Nova arte de pensar*, Paulinas, São Paulo, 1962.

– G. BACHELARD, *La formation de l'esprit scientifique*, Vrin, Paris, 1972, 8ª ed. (trad. bras. pela Ed. Contraponto, Rio de Janeiro, 1998).

BIBLIOGRAFIAS TEOLÓGICAS

– *Revista Eclesiástica Brasileira* (desde 1941), apreciações de livros e seleção de artigos.

---

124. Cf. Marcel CHAPPIN, *Strumenti di lavoro per la teologia*, PUG, Roma, 1996, 2ª ed. (com bibliografia); Joseph DORÉ (dir.), *Introduction à l'étude de la théologie*, Desclée, Paris, 1992, t. III, cap. 3: "Les instruments bibliografiques", p. 150-438; Hans WALDEN-FELS, *Manuel de théologie fondamentale*, Col. Cogitatio Fidei 159, Cerf, Paris, 1990, p. 793-836.

– A. ANTONIAZZI (org.), *Bibliografia teológica brasileira*, in *Atualização* (Belo Horizonte), n. 105-106 (1978), vol. I: 1977; n. 123-126 (1980), vol. II: 1978; n. 141-144 (1981), vol. III: 1979-1980; n. 173-174 (1984), vol. IV: 1981.

– ISEDET, *Bibliografia Teológica Comentada del área Iberoamericana*, Buenos Aires, 1973-1988, 16 vol.

– *Ephemerides Theologicae Lovanienses* (desde 1924), com bibliografias anuais (desde 1964).

– *Nouvelle Revue Théologique* (desde 1869, Lovaina, Bélgica; pertencente à SJ).

BÍBLIA

Instrumentos indispensáveis a ter à mão

– Uma boa tradução da *BÍBLIA* (como a da TEB [Tradução Ecumênica da Bíblia], a de Jerusalém, a da Vozes. Esta última, como a primeira, encontram-se também em CD-ROM).

– Uma *CONCORDÂNCIA* bíblica, como a de J.G. PARKER, *Léxico-concordancia del Nuevo Testamento em Griego y Español*, Ed. Mundo Hispano/Rio Grande Bible Institute, Edimburg/Texas, 1982.

– Uma *SINOPSE* dos evangelhos, como: F. DATTLER, *Sinopse dos quatro evangelhos*, Paulus, São Paulo, 1986. M.-É. BOISMARD – A. LAMOUILLE, *Sinopsis Graeca Quattuor Evangeliorum*, Peeters, Leuven/Paris, 1986.

– Um *NOVO TESTAMENTO EM GREGO*, como: A. MERK, *Novum Testamentum graece et latine*, PIB, Roma, 1965. E. NESTLE – K. ALAND, *Novum Testamentum graece*, Deutsche Bibelgeselschaft, Stuttgart, 1979, 26ª ed.

– Um *ATLAS BÍBLICO*, como: L. PACOMIO – P. VANETTI (dir.), *Pequeno Atlas Bíblico*, Santuário, Aparecida, 1996 (67 p.). E.R. GALBIATI – A. ALETTI, *Atlas histórico da Bíblia e do Antigo Oriente*, Vozes, Petrópolis, 1991 (272 p.). J. RHYMER, *Atlas ilustrado do mundo da Bíblia*, Melhoramentos, São Paulo, 1988 (128 p.).

Instrumentos úteis

– M. ZERWICK, *Analysis philologica Novi Testamenti graeci*, Pontifício Instituto Bíblico, Roma, 1966, 3ª ed.

– *Dicionário hebraico-português*, Vozes/Sinodal, Petrópolis/São Leopoldo, 1993.

– Alguma boa *INTRODUÇÃO AO ANTIGO E AO NOVO TESTAMENTO*, como:

Para o AT: ROBERT & FEUILLET, O. EISSFELDT, A.L. LAFFEY, G. FOHRER, etc.;

Para o NT: G. AUZOU, M.-J. LAGRANGE, G. KÜMMEL, P. GRELOT, A. WIKENHAUSER, etc.

– Um *DICIONÁRIO BÍBLICO*, como: A.VV., *Dicionário Bíblico*, Vozes/Perpétuo Socorro/Difusora Bíblica, Petrópolis/Porto/Lisboa, 1983. J.L. MACKENZIE, *Dicionário Bíblico*, Paulus, São Paulo, 1983. A. VINCENT, *Dicionário Bíblico*, Paulinas, São Paulo, 1969. A. VAN DEN BORN (org.), *Dicionário enciclopédico da Bíblia*, Vozes, Petrópolis, 1971. J.-J. VON ALLMEN, *Vocabulário Bíblico*, ASTE, São Paulo, 1972. X. LÉON-DUFOUR (dir.), *Vocabulário de teologia bíblica*, Vozes, Petrópolis, 1972. J.B. BAUER, *Dicionário de teologia bíblica*, Loyola, São Paulo, 1983-1984, 2 vol. C. BROWN, *O novo Dicionário de Teologia do Novo Testamento*, Vida Nova, São Paulo, 1982-1983, 3 vol. M. LURKER (dir.), *Dicionário das imagens e dos símbolos bíblicos*, Paulus, São Paulo, 1993.

– Alguma obra sobre o *AMBIENTE BÍBLICO*, como: J. JEREMIAS, *Jerusalém no tempo de Jesus*, Paulinas, São Paulo, 1983. J. BONSIRVEN, *Le judaïsme palestinien au temps de Jésus-Christ. Sa théologie*, Beauchesne, Paris, 1934-1935, 2 vol.

– Algum *COMENTÁRIO SISTEMÁTICO*, como: T. BALLARINI (dir.), *Introdução à Bíblia*, Vozes, Petrópolis, 1968-1974, 5 tomos (com vários vol. para cada t.). W. TRILLING (ed.), *Comentário ao Novo Testamento para leitura espiritual*, Col. Novo Testamento: comentário e mensagem, Vozes, Petrópolis, 1966-1980, 23 vol. R.E. BROWN, J.A. FITZMYER, R.E. MURPHY, *The Jerome biblical commentary*, Geoffrey Chapman, London e Dublin, 1968, 2 vol., 889 p. (trad. it. *Grande Comentario Biblico*, Queriniana, Brescia, 1973; trad. cast. *Comentario bíblico "San Jerónimo"*, Cristiandad, Madri, 1971-1972, 5 vol.). R.N. CHAMPLIN, *O Novo Testamento interpretado versículo por versículo*, Milenium, São Paulo, 1979, 6 vol. Col. *Cadernos bíblicos*, Paulinas, São Paulo, 1980-1995, já com 68 vol. Col. *Pequeno comentário bíblico AT*, Paulinas, São Paulo, 1987-, 17 vol. Col. *Pequeno comentário bíblico NT*, Paulinas, São Paulo, 1984-, 6 vol. Col. *Comentário bíblico AT*, Vozes, Petrópolis, 1985-1994, 7

vol. Col. *Comentário bíblico NT*, Vozes, Petrópolis, 1980-1992, 9 vol.
Col. *Tua palavra é vida*, CRB/Loyola, São Paulo, 1990-1996, 7 vol.

Dicionários clássicos para consulta

– G. KITTEL (Hg.), *Theologisches Wörterbuch zum Neuen Testament*, Kohlhammer, Stuttgart, 1933-78, 10 vol. (trad. it. *Grande Lessico del Nuovo Testamento*, Paideia, Brescia, 1965-92, 16 vol. Há também trad. em inglês).

– G.J. BOTTERWECK, H. RINGGREEN (dir.), *Theologisches Wörterbuch zum Alten Testament*, Kohlhammer, Stuttgart, 1973- (trad. it. em curso *Grande Lessico dell'Antico Testamento*, Paideia, Brescia, 1988-; trad. cast. *Dicionario Teológico del Antiguo Testamento*, Cristiandad, Madri, 1973-, 1 vol., em curso).

– E. JENNI, C. WESTERMANN (ed.), *Dicionario Teológico del Antiguo Testamento*, Cristiandad, Madri, 1978, 2 vol. (trad. it. *Dizionario teologico dell'Antico testamento*, Marietti, Casale Monferrato (AL), 1978-1982).

– L. COENEN, E. BEYREUTER, H. BIETENHARD, *Dizionario dei concetti biblici del Nuovo Testamento*, Dehoniane, Bolonha, 1976 (trad. do alemão; segue a linha do "Kittel").

– F. VIGOUROUX (dir.), *Dictionnaire de la Bible*, Paris, 1895-1912. A completar com L. PIROT, A. ROBERT, H. CAZELLES, A. FEUILLET (ed.), *Supplément*, Paris, 1928- (em curso).

Coleções de estudos bíblicos

– *Analecta Biblica* (do Pontifício Instituto Bíblico), Roma, desde 1952, com 131 vol. em 1992.

– *Lectio Divina*, Cerf, Paris, desde 1946, com 152 vol. em 1993.

– *Studi biblici*, Paideia, Brescia, desde 1968, com 93 vol. em 1990.

– *Études bibliques*, Gabalda, Paris, desde 1947, já mais de 45 vol.

Revistas bíblicas

– *Estudos Bíblicos*, Vozes/Sinodal, Petrópolis/São Leopoldo (desde 1984, 50 núm. até 1996).

– *Revista de Interpretação Bíblica Latino-Americana* (= RIBLA), Vozes, Petrópolis, desde 1988.

– *Revista de Cultura Bíblica* (São Paulo, desde 1957).

– *New Testament Abstracts* (Cambridge – USA, desde 1956; além dos livros, acompanha regularmente, com resumos, mais de 300 rev. bíblicas).

– *Old Testament Abstracts* (Chicago, desde 1978).

– *The Catholic Biblical Quarterly* (da Associação Bíblica Católica dos EUA, Washington, desde 1939).

– *Revue Biblique* (Jerusalém/Paris, desde 1891).

– *Biblica* (do Pontifício Instituto Biblico, Roma, desde 1920).

– *Rivista Biblica* (Brescia, desde 1953).

– *Theologische Quartalschrift* (Tübingen, desde 1821).

– *Biblische Zeitschrift* (Paderborn, desde 1957).

– *Zeitschrift für die altestamentlische Wissenschaft* (Berlim).

– *Zeitschrift für die neutestamentlische Wissenschaft und altes Christentums* (Berlim, desde 1900).

– *Le Monde de la Bible* (para a história e a arqueologia bíblicas; Paris, desde 1978).

MAGISTÉRIO

Livros a se ter à mão

– DENZINGER – SCHÖNMETZER (= DS), *Enchiridion symbolorum, definitionum et declarationum de rebus fidei et morum*, Herder, Barcelona, 1976, 36ª ed. Há uma antiga trad. esp.: *El magisterio de la Iglesia*, Herder, Barcelona, 1959. Há edições bilíngues em várias línguas a partir da edição alemã aos cuidados de Peter HÜNERMANN, Herder, Freiburg in Breisgau, 1991.

– *Compêndio do Vaticano II*, Vozes, Petrópolis, 1968. Para aprofundar, cf. os 48 tomos das atas do Vaticano II: as 2 séries das *Acta et documenta concilio Vaticano II apparando*, Cidade do Vaticano, 1960-1969; e as *Acta synodalia sacrosancti concilii oecumenici Vaticani II* (= ASCOV), Cidade do Vaticano, 1970-1978.

– *Catecismo da Igreja Católica*, Vozes/Paulinas/Loyola/Ave Maria, Petrópolis/São Paulo, 1993.

– Os *documentos mais importantes da Santa Sé* (Papas, Sínodos e Dicastérios romanos). Paulinas e Vozes possuem coleções desses doc. As ed. Dehoniane, de Bolonha, desde 1984 iniciaram uma coleta das *encíclicas* (a partir de 1740). Ter especialmente os seguintes: *Documentos da Doutrina Social da Igreja. Documentos da CELAM*: Medellín, Puebla e Santo Domingo. *Documentos da CNBB* (os principais). Rev. *Comunicado mensal da CNBB* (Brasília, desde 1957).

Grandes obras para consulta

– INSTITUTO PER LE SCIENZE RELIGIOSE (org.), *Conciliorum Oecumenicorum Decreta* (= COD), EDB, Bolonha, 1991, ed. bilíngue (há também ed. bilíngues em esp., ingl., fr., al. e port. pela Vozes).

– J. COLLANTES (dir.), *La fede della Chiesa Cattolica* (= FCC). Le Idee e gli uomini nei documenti dottrinali del magistero, Libreria Editrice Vaticana, Vaticano, 1993.

– G. ALBERIGO (org.), *História do Vaticano II*, Vozes, Petrópolis, 1998, vol. I (5 vol. previstos).

– J.B. MANSI (= MANSI), *Sacrorum Conciliorum nova et amplissima collectio* (1759-), 53 vol. na reimpressão anastática, Graz, 1960-1961.

– *Acta Santae Sedis* (= ASS), Roma, 1865-1908; e *Acta Apostolicae Sedis* (= AAS), Roma, desde 1909.

– *Discorsi, messaggi, colloqui del Santo Padre Giovanni XXIII*, Cidade do Vaticano, 1958-1964, 5 vol.

– *Insegnamenti di Paolo VI*, Cidade do Vaticano, 1965-1979, 16 vol.

– *Insegnamenti di Giovanni Paolo II*, Cidade do Vaticano, desde 1979.

TEOLOGIA SISTEMÁTICA

Por este título entendemos toda apresentação *orgânica* da teologia em seu conjunto. Aqui nos limitamos à teologia sistemática *em geral*. Deixamos, portanto, de lado a bibliografia específica dos diferentes tratados de teologia dogmática: Cristologia, Pneumatologia, Eclesiologia, Mariologia, etc.

Obras básicas

– S. TOMÁS DE AQUINO, *Summa Theologica*. Edição bilíngue português-latim, pela Escola superior de Teologia S. Lourenço de Brindes, Caxias, 1980, em 10 vol. in quarto.

– J. FEINER – M. LÖHRER (dir.), *Mysterium Salutis*, Vozes, Petrópolis, 1971-1985, 25 vol. em 5 t.

– J. SCHMAUS, *A fé da Igreja*, Vozes, Petrópolis, 1976-1981, 6 vol.

– Coleção *"Teologia e Libertação"*, desde 1985 (previstos mais de 50 vol.; em 1998 passou dos 25 vol.).

– L. BOFF publicou vários tratados sistemáticos pela Vozes, Petrópolis: *Jesus Cristo Libertador*, 1972; *Vida para além da morte*, 1973; *Os sacramentos da vida e a vida dos sacramentos*, 1975; *A graça libertadora no mundo*, 1976; *O rosto materno de Deus*, 1979; *A Trindade, a Sociedade e a Libertação*, 1986.

– B. LAURET – R. REFOULÉ (ed.), *Initiation à la pratique de la théologie*, Cerf, Paris, 1982-1983, 5 vol.

Obras enciclopédicas para consulta

– Col. *Biblioteca de Autores Cristianos* (= BAC), Editorial Católica, Madri, com 544 vol. em 1994). Existe também a "BAC maior", que já se aproxima dos 50 vol.

– Col. *Cogitatio Fidei*, Cerf, Paris (quase 200 vol. até 1997).

– Col. *Unam Sanctam*, Cerf, Paris, desde 1937, com mais de 70 vol., incluindo os de Comentários aos vários doc. do Vat. II.

– Col. *Théologie* (da SJ de Lyon-Fourvière), Aubier/Montaigne, Paris, desde 1941, com 86 vol. em 1983 (incluindo a obra de H.U. von Balthasar, *La gloire et la croix*).

– Col. *Théologie Historique* (fundada por J. Daniélou), Beauchesne, Paris, desde 1963, já passando dos 100 vol.

– Col. *Biblioteca di Teologia Contemporanea*, da Ed. Queriniana, Brescia, desde 1969, com mais de 81 vol. em 1995.

– Col. *Giornale di Teologia*, da Ed. Queriniana, Brescia, desde 1966, com mais de 220 vol. em 1994.

– Col. *Testi e ricerche di Scienze Religiose*, a cura dell'Instituto per le Scienze Religiose di Bologna, Herder/Paideia, Roma/Brescia, desde 1964, com 24 vol. em 1989.

– *Biblioteca di Scienze Religiose*, PAS Verlag/Città Nuova, Roma/Zurique, desde 1971, com 115 vol. em 1994.

Sínteses acessíveis da fé cristã

– *O Novo Catecismo* (Catecismo Holandês), Herder, São Paulo, 1979.

– J. RATZINGER, *Introdução ao Cristianismo*, Herder, São Paulo, 1970.

– H. KÜNG, *Ser cristão*, Imago, Rio de Janeiro, 1976.

– J.L. SEGUNDO, *Fé cristã para o leigo adulto*, Loyola, São Paulo, 1977-, 5 vol.

– INSTITUTO DIOCESANO DE ENSINO SUPERIOR DE WÜRZBURG, *Teologia para o cristão de hoje*, Loyola, São Paulo, 1975, 2ª ed., 7 vol.

– Coleção *"Iniciação Teológica"*, Paulinas, São Paulo, desde 1979, 1ª série: 18 vol.; 2ª série: 15 vol.

Dicionários de teologia

1) Dicionários de pequeno porte (ter algum à mão):

– I. ELLACURÍA – J. SOBRINO (ed.), *Mysterium Liberationis*, Trotta/UCA, Madri/El Salvador, 1970, 2 vol.

– R. LATOURELLE – R. FISICHELLA (dir.), *Dicionário de teologia fundamental*, Vozes/Santuário, Petrópolis/Aparecida, 1994.

– P. EICHER, *Dicionário de conceitos fundamentais de teologia*, Paulus, São Paulo, 1993.

– J.L. IDÍGORAS, *Vocabulário teológico para a América Latina*, Paulinas, São Paulo, 1983.

– K. RAHNER – H. VORGRIMLER, *Diccionario teológico*, Herder, Barcelona, 1970.

– W. BEINERT (org.) *Lessico di teologia sistematica*, Queriniana, Brescia, 1990 (trad. do al. de 1987).

– G. BARBAGLIO – S. DIANICH (ed.), *Nuevo Diccionario de Teología*, Cristiandad, Madri, 1982, 2 vol.

– S. DE FIORES – S. MEO (org.), *Dicionário de Mariologia*, Paulus São Paulo, 1985.

2) Dicionários de porte médio:

– H. FRIES (dir.), *Dicionário de Teologia.* Conceitos fundamentais de teologia atual, Loyola, São Paulo, 1970-1971, 5 vol.

– L. PACOMIO (dir.), *Diccionario Teológico Interdisciplinar,* Sígueme, Salamanca, 1983.

– K. RAHNER (org.), *Sacramentum Mundi.* Enciclopedia Teologica, Morcelliana, Brescia, 1974-77, 8 vol. (existe trad. cast.).

3) Dicionários de grande porte (clássicos):

– *Dictionnaire de Théologie Catholique* (= DTC), Latouzey et Ané, Paris, 1903-1972, 16 vol.

– J. HÖFER – K. RAHNER (eds.), *Lexikon für Theologie und Kirche* (= LThK), Herder/Freiburg in Breisgau, 1957-1967, 2ª ed., 11 vol., mais 3 vol. sobre o Vat. II.

– *Enciclopedia Catholica,* Cidade do Vaticano, 1945-1954, 12 vol.

– G. JACQUEMENT – CENTRE INTERDISCIPLINAIRE DES FACULTÉS CATHOLIQUES DE LILLE (dir.), *Catholicisme,* Latouzey et Ané, Paris, desde 1948, 13 vol., em 1996 até a letra T inclusive.

– Th. KLAUSER (ed.), *Reallexikon für Antike und Christentum.* Sachwörterbuch zur Auseinandersetzung des Christentums mit der antiken Welt, Hiersemann, Stuttgart, desde 1950, em curso.

REVISTAS TEOLÓGICAS E AFINS, DO BRASIL

– *Revista Eclesiástica Brasileira* (= REB), (Petrópolis, desde 1941).

– *Concilium* (rev. intern., desde 1965, pela Ed. Moraes, Lisboa até 1969 e pela Vozes, Petrópolis, desde 1970).

– *Perspectiva Teológica* (do Centro de Estudos Superiores da SJ, São Leopoldo/Belo Horizonte, desde 1968).

– *Serviço de Documentação* (= SEDOC) (Petrópolis, desde 1968).

– *Convergência* (rev. para a Vida Religiosa, Rio de Janeiro, desde 1967).

– *Communio* (rev. intern., desde 1972; ed. bras. Rio de Janeiro, desde 1982).

– *Estudos teológicos* (da fac. de teol. da IECL do Brasil, São Leopoldo, desde 1971).

– *Revista de Cultura Teológica* (da Pont. Fac. de Teol. N.S. da Assunção – SP, desde 1993).

– *Espaços* (do ITESP, São Paulo, desde 1993).

– *Encontros teológicos* (do ITESC, Florianópolis, desde 1986).

– *Teocomunicação* (PUC, Porto Alegre, desde 1971).

– *Atualidade teológica* (Dep. Teol. PUC, Rio de Janeiro, desde 1997).

– *Atualização* (Belo Horizonte, desde 1969).

– *Vida Pastoral* (São Paulo, desde 1959).

– *Cultura e Fé* (Porto Alegre, desde 1978).

– *Fragmentos de Cultura* (IFITEG: Inst. de Fil. e Teol. de Goiás, desde 1990).

– *Síntese* (da SJ, Belo Horizonte, desde 1974).

– *Cadernos do CEAS* (Salvador, da SJ, desde 1969).

BIBLIOGRAFIA ESSENCIAL E ACESSÍVEL[125]

AGOSTINHO, Sto., *Carta 120*, in *Patrologia Latina* (Migne), t. 33, col. 452-462.

ALSZEGHY, Zoltan – FLICK, Maurizio, *Como se faz teologia*, Paulinas, São Paulo, 1979 (orig. it. Paoline, Alba, 1974).

BARTH, Karl, *Introdução à teologia evangélica*, Sinodal, São Leopoldo, 1977 (orig. al. *Enführung in die evangelische Theologie*, Verlag, Zurique, 1962).

BEINERT, Wolfgang, *Introducción a la teología*, Herder, Barcelona, 1981 (orig. al. *Wenn Gott zu Wort kommt*, Herder, Friburgo/Basileia/ Viena, 1978).

BOAVENTURA, São, *Tria Opuscula* (Breviloquium, Itinerarium, De Reductione artium ad Theologiam), in *Opera Theologica Selecta*, Quaracchi, Florença, 1964.

BOFF, Clodovis, *Teologia e prática*. Teologia do político e suas mediações, Vozes, Petrópolis, 1993, 3ª ed., com prefácio autocrítico.

---

125. Indicamos aqui apenas a bibliografia relativa ao método teológico em geral, não às questões particulares desse método. Por questões de realismo didático, citamos apenas os livros relativamente acessíveis à maioria dos estudantes brasileiros, portanto, os que se encontram em português ou em alguma língua neolatina, com as devidas exceções.

BOFF, Leonardo e Clodovis, *Como fazer Teologia da Libertação*, Vozes, Petrópolis, 1993, 6ª ed.

CHENU, Marie-Dominique, *La foi dans l'intelligence*, Cogitatio Fidei 10, Cerf, Paris, 1964.

CHENU, Marie-Dominique, *La théologie est-elle une science?*, Col. Je sais – je crois 2, Fayard, Paris, 1957.

CHENU, Marie-Dominique, *Santo Tomás de Aquino e a Teologia*, Col. Mestres Espirituais 9, Agir, Rio de Janeiro, 1967.

COLOMBO, Carlo, *Il compito della teologia*, Jaca Book, Milão, 1982.

COLOMBO, Giuseppe, *La ragione teologica*, Glossa, Milão, 1995 (814 p.).

COLOMBO, Giuseppe, *Perché la teologia*, La Scuola, Brescia, 1980.

CONGAR, Yves, *La foi et la théologie*, Le Mystère chrétien 1, Desclée, Paris, 1962 (trad. it. Desclée & Cia., Roma..., 1967).

CONGAR, Yves, *Théologie*, in A. VACANT – E. MANGENOT – É. AMANN (dir.), *Dictionnaire de Théologie Catholique*, Latouzey et Ané, Paris, 1946, t. 15, col. 342-502.

DORÉ, Joseph (dir.), *Introduction à l'étude de la théologie*, Col. Le Christianisme et la foi chrétienne: Manuel de théologie, n. 0, Desclée, Paris, 1991-1992, 3 t., espec. IV e V partes.

EICHER, Peter, *La théologie comme science pratique*, Cogitatio Fidei 115, Cerf, Paris, 1982 (orig. al. *Theologie: eine Einführung in das Studium*, Kösel, Munique, 1980).

FORTE, Bruno, *A teologia como companhia, memória e profecia*. Introdução ao sentido e ao método da teologia como história, Paulinas, São Paulo, 1991 (orig. it. Paoline, Cinisello Balsamo [MI], 1987).

JOURNET, Charles, *Introduction à la théologie*, DDB, Paris, 1947.

KASPER, Walter, *Per il rinovamento del metodo teologico*, Giornale di Teologia 33, Queriniana, Brescia, 1969; trad. fr. *Renouveau de la méthode théologique*, Cerf, Paris, 1968 (orig. al. *Die Method in Dogmatik. Einheit und Vielheit*, Kösel, Munique, 1967).

KERN, Walter – NIEMANN, Franz-Josef, *Gnoseologia teologica*, Giornale di teologia 151, Queriniana, Brescia, 1984 (orig. al. *Theologische Erkenntnislehre*, Patmos, Düsseldorf, 1981).

KERN, Walter – POTTMEYER, Hermann J. – SECKLER, Max (ed.), *Tratatto di gnoseologia teologica*, Corso di Teologia Fondamentale 4, Queriniana, Brescia, 1990 (orig. al. *Traktat theologischer Erkenntnislehre*. Handbuch der Fundamentaltheologie 4, Herder, Freiburg in Breisgau, 1985-1988).

LATOURELLE, René, *Teologia, ciência da salvação*, Paulinas, São Paulo, 1971 (orig. fr. DDB/Bellarmin, Paris/Montreal, 1968).

LAURET, Bernard – REFOULÉ, François (dir.), *Initiation à la pratique de la théologie*, Cerf, Paris, 1982, t. I: Introdução (trad. esp. Madri, 1984).

LIBÂNIO, João Batista – MURAD, Afonso, *Introdução à teologia*. Perfil, enfoques, tarefas, Loyola, São Paulo, 1996.

LONERGAN, Bernard, *Método en teología*, Sígueme, Salamanca, 1978; trad. fr. *Pour une méthode en théologie*, Col. Cogitatio Fidei 93, Cerf, Paris, 1978; trad. it. *Il metodo in teologia*, Biblioteca di Teologia Contemporanea 24, Queriniana, Brescia, 1985, 2ª ed. (orig. ingl. *Method in Theology*, Darton, Longman & Todd, Londres, 1972; e Herder and Herder, Nova York, 1972).

LORIZIO, Giuseppe – GALANTINO, Nunzio (ed.), *Metodologia e teologia*. Avviamento allo studio e alla ricerca pluridisciplinari, San Paolo, Cinisello Balsamo (MI), 1994.

MONDIN, Battista, *Introduzione alla teologia*, Massimo, Milão, 1983 (1991, 2ª ed. Renovada).

PANNENBERG, Wolfhart, *Epistemologia e teologia*, Col. Biblioteca di Teologia Contemporanea 21, Queriniana, Brescia, 1975 (orig. al. *Wissenschaftstheorie und Theologie*, Surhkamp, Frankfurt, 1973).

RATZINGER, Joseph, *Natura e compito della teologia*. Il teologo nella disputa contemporanea: storia e dogma, Jaca Book, Milão, 1993.

ROVIRA BELLOSO, José María, *Introducción a la Teología*, Col. BAC/Manuales 1, s.e., Madri, 1996.

SANNA, Ignazio (ed.), *Il sapere teologico e il suo metodo*, EDB, Bolonha, 1993.

SCHILLEBEECKX, Edward, *Revelação e teologia*, Paulinas, São Paulo, 1968 (orig. hol., versão do it. Paoline, Roma, 1966).

SECKLER, Max, *Teologia, Scienza, Chiesa*. Saggi di teologia fondamentale, Morcelliana, Brescia, 1988 (trad. do al.).

SEMERARO, Marcello – ANCONA, Giovanni, *Studiare la teologia dogmatica*, Col. Intellectus fidei 7, Vivere in, Roma, 1994.

SÖHNGEN, Gottlieb, *Sabedoria da teologia adquirida através do caminho da ciência*, in FEINER, Johannes – LÖHRER, Magnus (org.), *Mysterium Salutis*, I/4, Vozes, Petrópolis, 1972, p. 111-178 (com bibliografia).

TOMÁS DE AQUINO, *In Boetium de Trinitate*, todo.

TOMÁS DE AQUINO, *Suma Teológica*, I, questão 1ª toda, com seus 10 artigos, ed. bilíngue port./lat., trad. bras. Alexandre Corrêa, Edit. Escola Superior de Teologia S. Lourenço de Brindes/Universidade Caxias do Sul/Sulina, Caxias do Sul/ Porto Alegre, 1980, vol. I.

VAGAGGINI, Cipriano, *Teologia*, in Giuseppe BARBAGLIO – Severino DIANICH (ed.), *Nuovo Dizionário di Teologia*, Paoline, Cinisello Balsamo (MI), 1985, 4ª ed., p. 1597-1711.

VILANOVA, Evangelista, *Para comprender la teología*, Verbo Divino, Estella (Navarra), 1992.

WICKS, Jared, *Introduzione al metodo teologico*, Col. Introduzione alle discipline teologiche 1, PIEMME, Casale Monferrato (AL), 1994.

ÍNDICE GERAL

Introdução, 7

I PARTE – QUESTÕES NUCLEARES

Capítulo 1: Apresentação da matéria, 11
Resumindo, 11
Leitura: Ricardo de São Vítor: *Passar da fé à inteligência da fé*, 12

Seção I – FUNDAMENTOS, 15

Capítulo 2: Como nasce concretamente a teologia, 17
Resumindo, 17
Leitura: Sto. Anselmo de Cantuária: *Incitação da mente à contemplação de Deus*, 18

Capítulo 3: O que estuda a teologia e em que perspectiva,
Resumindo, 21
Leitura: Santo Tomás de Aquino: *O objeto próprio da teologia*, 22

Capítulo 4: A racionalidade própria da teologia, 24
Resumindo, 24
Leitura I: Vaticano I: *A fé e a razão*, 25
Leitura II: Sto. Agostinho: *A fé e a razão na Carta 120*, 26

Capítulo 5: A fé-palavra: fonte primeira e decisiva da teologia, 28
Resumindo, 28
Leitura: Sto. Anselmo de Cantuária: *Primado da fé na teologia*, 29

Capítulo 6: A fé-experiência: outra fonte da teologia, 32
Resumindo, 32
Leitura: Karl Barth: *Teologia invocativa*, 33

Capítulo 7: A fé-prática: mais outra fonte da teologia, 35
Resumindo, 35
Leitura: Gustavo Gutiérrez: *O que é "Teologia da Libertação"*, 37

Seção II – PROCESSOS, 39

Capítulo 8/1: Momento I da prática teológica – positivo (I):
A Sagrada Escritura, 41
    Resumindo, 41
    Leitura: São Boaventura: *O lugar da Escritura na teologia*, 42

Capítulo 8/2: Momento I da prática teológica – positivo (II):
A Tradição e o Dogma, 45
    Resumindo (A Tradição), 45
    Leitura: Johann Adam Möhler: *A relação Escritura-Tradição*, 46
    Resumindo (O Dogma e sua evolução), 47
    Leitura: S. Vicente Lerinense: *O desenvolvimento do dogma cristão*, 48

Capítulo 9: Momento II da prática teológica – construtivo, 50
    Resumindo, 50
    Leitura I: S. Tomás de Aquino: *O que vale mais em teologia: a autoridade ou a razão?*, 51
    Leitura II: Sto. Agostinho: *Prece depois da especulação*, 52

Capítulo 10: Momento III da prática teológica: confronto com a vida, 54
    Resumindo, 54
    Leitura: Vaticano II: *Confronto da fé com a realidade na "Gaudium et Spes"*, 55

Capítulo 11/1: A linguagem teológica (I): Analogia como linguagem do Mistério, 57
    Resumindo, 57
    Leitura I: S. Tomás de Aquino: *Analogia: caminho para conhecer o Mistério*, 58
    Leitura II: Maurílio T.-L. Penido: *Grandezas da analogia metafórica*, 59

Capítulo 11/2: A linguagem teológica (II): Espécies e vias da analogia, 61
    Resumindo, 61
    Leitura: S. Boaventura: *A mística: saída da teologia*, 62

Seção III – ARTICULAÇÕES, 65

Capítulo 12: A relação da teologia com a filosofia e as demais ciências, 67
Resumindo, 67
Leitura I: Sto. Agostinho: *O uso legítimo dos "despojos dos egípcios"*, 69
Leitura II: Gregório IX: *O abuso da razão filosófica na teologia*, 70

Capítulo 13: Teologia: para quê?, 72
Resumindo, 72
Leitura I: Beato João Duns Scotus: *"A teologia enquanto ciência prática"*, 74
Leitura II: Karl Barth: *Trabalho teológico é serviço*, 76

Capítulo 14/1: Teologia, Igreja e Magistério (I): Os vários magistérios na Igreja, 79
Resumindo, 79
Leitura: Erasmo de Roterdã: *Sobriedade nas definições dogmáticas*, 82

Capítulo 14/2: Teologia, Igreja e Magistério (II): Relação teologia-magistério pastoral, 84
Resumindo, 84
Leitura: Comissão Teológica Internacional: *"Teses sobre as relações mútuas entre o Magistério eclesiástico e a Teologia"*, 85

Capítulo 15: Pluralismo teológico, 88
Resumindo, 88
Leitura I: Egídio de Roma: *Defesa do pluralismo teológico*, 90
Leitura II: Comissão Teológica Internacional: *Unidade da fé e pluralismo teológico*, 90

II PARTE – QUESTÕES COMPLEMENTARES

Capítulo 16: Disposições básicas para o estudo da teologia, 95
Amor ao estudo da Revelação, 95
O desamor ao estudo da teologia, 99
Senso do Mistério, 105
Quando falta o senso do mistério,

Compromisso com o Povo, 112
  Alienação teológica, 113
  Quando fazer teologia é pecado, 116
Resumindo, 117
Leitura: S. Gregório Nazianzeno: *Condições pessoais para o exercício da teologia*, 118

Capítulo 17: História do termo "teologia" e suas lições, 119
  Resumindo, 119
  Leitura I: Platão: *Teologia: como falar corretamente da divindade*, 121
  Leitura II: Aristóteles: *Teologia: o saber mais excelente*, 121
  Leitura III: Marcos Varrão: *Os três gêneros de teologia*, 122

Capítulo 18: O que há de teologia na Bíblia, 124
  Resumindo, 124
  Leitura: Sb 9,13-18: *A sabedoria necessária aos humanos*, 125

Capítulo 19: Os três caminhos para Deus, com destaque para a teologia natural, 126
  Resumindo, 126
  Leitura I: Pascal: *Testamento*, 128
  Leitura II: Max Horkheimer: *Teologia: "nostalgia do totalmente outro"*, 129

Capítulo 20: As formas do discurso teológico, 131
  Resumindo, 131
  Leitura: Karl Rahner: *Relação entre realidade e conceito na esfera da fé*, 133

Capítulo 21: As divisões da teologia e sua articulação, 135
  Resumindo, 135
  Leitura: Vaticano II: *O sistema teológico segundo o "Optatam Totius"*, 136

Capítulo 22: Modelos históricos de prática teológica, 138
  Resumo esquemático dos modelos históricos, 138
  Explicação dos modelos, 140
    1. Modelo patrístico, 140
    2. Modelo escolástico, 142
    3. Modelo da teologia moderna, 145

O modelo particular da Teologia da Libertação, 149
Leitura: João Paulo II: *Carta ao Episcopado Brasileiro sobre a Teologia da Libertação*, 152

Capítulo 23: Cronologia da produção teológica: nomes e obras mais importantes, 154

 Época patrística, 155

 Idade Média, 160

 Época moderna (até 1900), 165

 Século XX, 175

Capítulo 24: Como estudar teologia, 189

 Aula magistral, 190

 Estudo individual, 194

  1. Leitura, 194

  2. Apontamentos de leitura, 196

  3. Memorização, 198

 Trabalho de grupo, especialmente o seminário, 199

 Pesquisa e dissertação, 201

  1. Fase de investigação, 201

  2. Fase de elaboração, 203

 Leitura: S. Tomás de Aquino: *Como estudar*, 205

Capítulo 25: Heurística teológica: instrumentos de trabalho, 207

 Obras gerais para formação intelectual, 207

 Bibliografias teológicas, 207

 Bíblia, 208

 Magistério, 211

 Teologia sistemática, 212

 Revistas teológicas e afins, do Brasil, 215

Bibliografia essencial e acessível, 217

Índice geral, 223

Conecte-se conosco:

f facebook.com/editoravozes

◯ @editoravozes

🐦 @editora_vozes

▶ youtube.com/editoravozes

◯ +55 24 2233-9033

www.vozes.com.br

Conheça nossas lojas:

www.livrariavozes.com.br

Belo Horizonte – Brasília – Campinas – Cuiabá – Curitiba
Fortaleza – Juiz de Fora – Petrópolis – Recife – São Paulo

    Vozes de Bolso

EDITORA VOZES LTDA.
Rua Frei Luís, 100 – Centro – Cep 25689-900 – Petrópolis, RJ
Tel.: (24) 2233-9000 – E-mail: vendas@vozes.com.br